KB049912

# 87년 6월 항쟁

Vita Activa 개념사 13

# 87년 6월 항쟁

김원 지음

책세상

차례

## 1장 | 기억으로서의 '87년 6월'



## 2장 | 87년 6월과 2008년, 2017년

## 3장 | 87년 6월 전야—그들 기억 속의 87년

## 4장 | 87년 6월의 취재 일지—6월 항쟁에 대한 이야기들

## 5장 | 잊어서는 안 될 6월 항쟁 내부—명동 성당 농성과 그 후



## 6장 | 87년 6월 항쟁과 2017년 6월

# 1장

# 기억으로서의 '87년 6월'

박종철과 이한열

박종철은 서울대 언어학과 재학 중 학생 운동을 하다 연행되어 1987년 1월 물고문을 받고 질식사했다. 그리고 연세대 학생이던 이한열은 1987년 직선제 투쟁 과정에서 전투 경찰의 최루탄에 맞아 사경을 헤매다가 사망했다. 그들의 죽음은 6월 항쟁을 폭발시킨 촉매 역할을 했다.

지금으로부터 30년 전인 1987년은 우리에게 '민주화의 해'로 기억되고 있다. 그해 6월 10일에서 '6 · 29 선언'이 발표된 6월 29일까지 서울을 비롯한 대도시는 물론 읍 · 면 단위까지 호헌 철폐와 직선제 쟁취를 위한 시위 물결이 거대한 파도처럼 일어났다. 곧이어 7월부터 9월에 걸쳐 전국에서 노동자 대투쟁이 일어나 6월의 민주화 열기를 확산시켰다. 비록 12월 대통령 선거에서 민정당 후보인 노태우가 당선됨으로써 정권 교체에는 실패했지만, 87년 6월 항쟁은 군부 독재의 오랜 유산을 걷어낸 결정적인 국면이었음에는 틀림이 없다.

1987년 6월 거리를 가득 메운 시민들(사진 : 6월민주항쟁계승사업회)

1987년 6월에 관한 사진들을 보면, 박종철 열사의 영정이나 이한열 열사가 최루탄을 맞고 피 흘리는 장면을 먼저 떠올리게 된다. 두 열사

거리의 정치
정당을 비롯한 제도 정치가 사회 운동의 요구를 수렴하지 못할 때 사회 운동은 거리를 중심으로 한 대중 시위를 통해 자신들의 요구를 주장한다. 1980년대의 사회 운동이 제도화되지 못한 조건 아래에서 전개한 투쟁 양식을 흔히 '거리의 정치' 라고 부른다.

전민 항쟁
전국민항쟁 또는 전민중항쟁을 의미한다. 독재 권력에 맞서 전체 민중이 대규모로 거리 투쟁을 전개하는 양상을 뜻한다. 87년 6월 항쟁 이후 민중 운동의 저항 모델로 자리 잡았다.

외에도 1980년대의 민주화 과정에서 많은 생명이 희생을 당해야 했으며, 이 점에서 87년 6월은 80년 광주 민중항쟁 이후 축적되어온 시민들의 민주화 요구가 집약되어 만개한 거리의 정치였다.

흔히 87년 민주화 이후 진행된 한국 사회의 변화를 '87년 체제' 라고 부른다. 87년을 기점으로 한국 사회에 질적인 변화가 이루어졌기 때문이다. 정치적으로는 형식적 차원의 민주화가 진전되었고, 제도와 법 차원에서는 개헌을 거쳐 대통령 직선제가 도입되었다. 사회적으로도 87년 이후 한국 사회는 노동조합과 자발적인 결사 등이 활성화된 계급 사회로 진전하게 된다. 또 문화적 측면에서 지배 이념과 문화에 대응하는 민족 · 민중 문화가 개화하기 시작한 시점 역시 87년 이후이다. 이처럼 87년 6월은 이후 한국 사회의 구조적 변화에 가장 큰 영향을 준 시기이자 사건이라는 점에서 주목되어야 할 것이다.

## 전민 항쟁으로서의 87년 6월

87년 6월. 혹자는 6월 항쟁이라고 부르고 혹자는 시민 항쟁 또는 전민 항쟁이라고 부르며 또 혹자는 민주화 운동이라고 이야기한다. 현대 한국을 해외에 가장 널리 알린 이미지 가운데 하나가 '경제 성장' 이라면, 다른 하나는 '민주화' 이다. 실제로 한국 사회는 87년 이후 과거 군부 독재 시기보다 확실히 민주화가 진전

민주화 이후 민주주의
정치학자 최장집이 저서 《민주화 이후의 민주주의》(2002)에서 사용한 용어이다. 87년 민주화 이후 민간-개혁 정부가 등장했음에도 민주주의가 심화되기보다 오히려 후퇴한 현상을 통칭하는 말이다.

되었다. 그러나 20여 년이 지난 지금, 과연 세월의 흐름에 비례해 한국 사회의 민주화가 심화되고 사회 밑바닥까지 확장되었는지에 대해서는 물음표를 던질 수밖에 없다.

'민주화 이후 민주주의'라는 개념 역시 같은 맥락의 이야기다. 87년 이후 문민 정부, 국민의 정부 그리고 참여 정부를 거치며 민주화를 이루었다고 생각했지만, 이명박 정부와 박근혜 정부를 거치면서 문화계 블랙리스트와 국정농단, 세월호 사건 진상 은폐, 촛불 시위 참가자 구속과 용산 참사 등 지난 10년 동안 한국 사회에서 일어난 일련의 사태는 가장 낮은 수준의 헌법 정신에 기초한 민주주의의 가치조차 실현되지 않는 현실을 웅변해주고 있다.

박근혜 정부 시기 백남기 열사 사망 사건, 문화계 블랙리스트 사건과 이명박 정부 시기 용산 재개발 지역 철거민 강제 진압과 촛불 시위 참가자들에 대한 공권력 행사는 한국 민주주의가 아직 갈 길이 멀고 풀어야 할 숙제가 많음을 단적으로 보여준다. 시민들의 저항과 불만을 '법과 질서' 혹은 '안정'이라는 이름으로 억누르는 것은 민주주의를 잘못 이해한 결과가 아닐까. 민주주의는 다양한 견해를 존중하고, 자신의 의견을 효과적으로 표출하지 못하는 개인이나 집단의 생각도 반영할 수 있어야 한다. 정부나 집권 정당의 정책, 노선과 '다르다'고 해서 법에 배치되는 것은 아니다. 그런 의미에서 한국 사회가 민주주의를 보편적 언어로 소통하기까지는 앞으로도 적지 않은 시간이 걸릴 것이다.

이철규 열사 투쟁 · 강경대 열사 투쟁

이철규 열사 투쟁은 1989년 상반기에 조선대 교지《민주조선》편집장 이철규의 의문사에 대해 전국에서 벌인 투쟁을, 강경대 열사 투쟁은 1991년 4월 명지대 학생 강경대가 공권력에 타살당한 사건에 대해 민중 운동이 살인 정권 타도 투쟁을 벌인 사건을 가리킨다. 후자는 '91년 5월 투쟁' 이라고도 불린다.

1990년 반민자당 투쟁

민정당 노태우, 통일민주당 김영삼, 공화당 김종필이 보수 대연합으로 3당 합당을 결행해 민자당을 창당하자 이에 반대해 벌어진 1990년 5월의 대규모 거리 시위를 말한다.

이 책은 현재 민주주의의 난맥상을 집중적으로 탐구하는 글은 아니다. 민주화 이후 민주주의의 난점과 한계에 대해서는 이미 많은 책들에서 이야기하고 있기 때문이다. 나는 이 책에서 사람들이 '기억' 하는 '87년 6월' 에 대해 이야기하고자 한다. 오늘날 다양한 세대에게, 또 개인과 집단에게 87년 6월이라는 기억이 과연 무엇을 의미하는지, 독자들이 스스로 판단하는 데 바탕이 되는 장을 마련하고자 한다. 이런 생각을 하게 된 것은 '87년 6월' 에 대한 역사 · 사회과학 담론이 제한적이라는 판단 때문이다. 나 역시 87년 6월을 직접 겪은 당사자는 아니다. 당시 고등학생이었던 나는 최루탄 냄새를 맡으며 눈물 반 콧물 반으로 등하굣길을 재촉하곤 했다. 그리고 대학에 입학한 뒤, 불과 몇 해 전에 일어난 87년 6월은 내게 다시 불러내야 할 '항쟁' 으로 각인되었다. 나는 대학 시절 한 해의 3분의 1을 거리에서 시위와 정치 투쟁을 하며 보냈다. 노태우 정권은 여전히 억압적인 공권력을 행사했고 우리는 그에 저항해야 했다.

2008년 촛불 시위와 2016년 박근혜 정부 퇴진을 요구하는 촛불 시위가 깊어질 즈음 몇몇 신문에 실린 "제2의 6월 항쟁" 이라는 기사를 보면서, 나는 다시 생각에 잠겼다. '아직도 87년 6월이 재생되길 원하나?' 라는 질문이 그것이었다. 돌이켜 보면 대학 시절 내내 89년 고 이철규 열사 투쟁, 90년 반민자당 투쟁, 91년 고 강경대 열사 투쟁 등 굵직굵직한 거리 정치가 확산될 때마

많은 사람들의 뇌리에 87년 6월은 '통일된 기억'으로 남아 있다. 죽음, 열사, 항쟁, 승리의 기억……. 하지만 돌이켜 생각해보면 87년 6월에 대해 모두가 처음부터 통일된 기억을 간직한 것이 아니라, 그 사건이 통일된 의미로 재현되어 모두에게 같은 기억이 형성된 것이 아닐까.

다 선배들은, 그리고 대자보 속 격문은 '제2의 6월 항쟁' 또는 '전민 항쟁'이라는 단어를 입에 올렸다. 그 시절에 그 말을 들으면서 나는 '언젠가 다시 87년 6월과 같은 날이 오겠지'라는 자기 주문에 빠져들었던 것 같다.

하지만 '전민 항쟁 신드롬'은 시간이 갈수록 관성화되어 어느 때부터인가 형식적인 수사로 변해갔다. 공식적으로는 '6월 항쟁의 부활'을 이야기했지만, 누구도 그것을 확신하지 못했다고 해야 할까? 언젠가 술자리에서 한 후배에게 "넌 그때 전민 항쟁이 일어날 거라고 믿었니?"라고 물었을 때, 후배의 대답은 "네"였다. 그 후배처럼 혹은 나처럼 87년 6월이 다시 우리 눈앞에서 살아날 것이라고 믿은 사람들이 적지 않았다.

내 이야기를 길게 늘어놓는 이유는 나뿐만이 아니라 많은 사람들의 뇌리에 87년 6월은 '통일된 기억'으로 남아 있기 때문이다. 죽음, 열사, 항쟁, 승리의 기억……. 하지만 돌이켜 생각해보면 87년 6월에 대해 모두가 처음부터 통일된 기억을 간직한 것이 아니라, 그 사건이 통일된 의미로 재현되어 모두에게 같은 기억이 형성된 것이 아닐까. 2007년에 '6월 항쟁 20주년 심포지엄'이 열렸을 때 논문을 발표한 참가자들은 대부분 87년 이후 한국 사회의 민주화가 실패했다고 보거나 근본적인 한계를 안고 있다고 분석했다. 이러한 생각은 연구자들만의 것이 아니었다. 1995년경에 나는 87년을 경험한 이들을 인터뷰했는데, 이 세대

넥타이 부대

87년 6월 당시 명동을 중심으로 한 거리 시위에서 넥타이를 멘 화이트칼라 노동자들이 대거 투쟁에 동참했는데, 당시에 이들을 '넥타이 부대' 라고 불렀다.

의 기억 또한 이중적이었다. 그들에게 87년 6월은 승리의 기억이자 아쉬움이 교차하는 복합적인 기억의 사건이었다. 그로 인해 형식적 민주주의와 직선제를 획득했지만, 현재 자신의 삶이 반드시 나아졌다고 확신할 수 없는 탓인지도 모르겠다.

## 기억으로서의 87년 6월

그래서 나는 87년 6월에 대한 '기억' 과 '이야기' 에 주목했다. 87년 6월은 항쟁과 민주화라는 큰 이야기의 힘 때문에 정작 그 시기를 살았던 사람들에게 이 사건이 어떻게 기억되는지, 그들이 이 사건을 어떻게 자신의 이야기로 받아들이는지는 큰 관심을 끌지 못했다. 문민정부 이후, 김대중 그리고 노무현 정부에서 87년 민주화에 직간접으로 영향력을 미친 사람들이 한국 사회에서 주요한 세력으로 등장하면서 그런 경향이 더 커진 듯하다. 민주화라는 시대를 규정하는 이야기 속에서 87년 6월에 대한 기억은 점차 소실되거나 다양한 의미를 잃어버렸다.

직선제, 민주화, 넥타이 부대, 항쟁 등 흔히 역사 담론이라고 불리는 큰 단어들 사이에서 87년 6월과 관련된 어떤 기억과 이야기들이 존재했을까? 이 책은 바로 이 지점을 살펴보려 한다. 나는 '역사란 이야기' 라고 생각한다. 즉 역사는 사실의 실증적 재현에 국한될 수 없다. 역사는 특정한 시간과 공간 속에서 행위

1987년 6월 26일 평화 대행진에 참여한 시민들 ⓒ 박용수

자들이 만들어내는 사실과 역사적 상상력이 결합된 산물이다. 흔히 사료라고 불리는 신문, 잡지, 공문서 같은 자료들만이 역사 서술의 재료는 아니다. 사료는 역사의 한 단면을 보여주지만, 그 자체가 역사를 재현해주지는 않는다. 역사는 잘 이어지지 않는 맥락과 맥락을 상상력이 결합해 만들어내는 이야기이다. 반드시 '종이 문서'로 쓰인 것만이 역사적 사실이나 진실을 반영하는 사료가 되어야 할 이유는 없다. 문서 사료에 대한 지나친 애착은 정작 증거와 증거, 역사의 행위자와 그들을 둘러싼 환경을 이어주는 역사적 상상력을 가로막을 수 있다.

"역사를 공부할 사람은 소설을 많이 읽어야 해요." 대학 입학 시험을 볼 때 면접을 담당한 교수님이 해주신 말이다. 나는 '소

김소진
1990년대를 대표하는 소설가의 한 사람이다. 《열린 사회와 그 적들》, 《장석조네 사람들》, 《고아떤 뺑덕어멈》, 《자전거 도둑》 등의 작품에서 당대 보통 사람들의 삶을 토속적인 언어와 문체로 묘사했다.

설?' 이라고 속으로 되물으며 의아해했다. 사실을 객관적으로 구성해서 원인과 결과를 과학적으로 밝혀내는 역사와 허구적 이야기인 소설은 그다지 어울리는 조합이 아니었다. 이십 대에 내 지적 자양분은 대부분 사회과학, 좀 더 정확하게는 '급진적 사회과학' 이었다. 마르크스주의라고 불렸던 급진적 사회과학은 '역사는 진보한다' 는 믿음과 역사의 구조에 대한 과학적 분석을 본령으로 삼았다. 그 이념적 지향이 어떻든 '과학적 역사학' 이 불변의 진리였다.

대학 시절 내내 소설이나 이야기와는 거리가 멀었던 내게 면접 때 들은 이야기가 어렴풋이 다가온 것은 그로부터 7년쯤 지난 뒤였다. 어설픈 인터뷰를 활용해 석사 논문을 쓴 뒤였는데, 어느 날 도서관 서가에서 문학 계간지를 살펴보다 우연히 김소진이라는 젊은 소설가의 단편 소설 〈혁명기념일〉을 읽게 되었다. 몇 년 만에 다시 접한 소설은 내게 역사를 쓰는 데 이야기, 이른바 내러티브narrative의 강점이 무엇일까라는 질문을 던졌다. 김소진은 아주 짧은 글에서 3~4명의 인물을 형상화해 당대적이고 현재적인 역사의 의미를 훌륭하게 재현하고 있었다. 물론 그 안에는 직접 겪은 경험이나 읽고 조사한 자료뿐만 아니라 문학적 상상력이 크게 반영되었을 것이다. '인간과 역사를 이해하는 데 중요한 것은 기록된 것만이 아니다. 사람들에게 어떻게 기억되는지, 또는 어떻게 기억되지 않는지도 역사를 이해하는 중요한 지점이

마르케스
콜롬비아의 소설가로 장편 소설《백년 동안의 고독》(1982)으로 세계적인 명성을 얻었다. 이 소설에서 그는 마콘도라는 가상 공간을 통해 폭력으로 얼룩진 20세기 콜롬비아 역사를 신화적인 기법으로 묘사했다.

될 수 있다.' 당시에는 정확하게 인식하지 못했지만 나는 어렴풋하게나마 이런 생각을 하기 시작했다. 더 나아가 '사료가 없다면 과연 역사와 인간은 재현 불가능하며 거짓인 것일까'에 대해서도 묻기 시작했다. 어차피 역사가 역사를 기록하는 개인과 집단의 창작물이라면, 이어지지 않는 기록을 이어주는 '그럴듯한 상상력'이 필요하지 않을까 하고 말이다. 그 후 나는 소설을 하나 둘 읽어나가기 시작했다.

"삶이란 한 개인의 생애 그 자체가 아니라, 현재 사람들이 기억하고 있는 것이자 그 삶을 이해하기 위해 어떻게 기억하고 있느냐 하는 것이다."《백년 동안의 고독Cien años de soledad》이라는 작품으로 잘 알려진 소설가 마르케스Gabriel García Márquez(1928~)가 그의 자서전에서 한 말이다. 마찬가지로, 우리가 87년 6월을 이해하기 위해서는 그것을 어떤 이야기로 기억하는지를 살펴보아야 한다.

나는 이 점에서 역사를 서술하는 데 중요한 것은 '역사가의 상상력'이라고 생각한다. 역사 서술이란 사료를 통해 분명하게 드러난 사실만을 재구성하는 것이 아니라, 사료와 사료 사이의 '틈새'를 메우려는 역사가의 상상력에 의해 좌우되는 것이다. 다시 말해 과거의 사실에 질서를 부여하고 의미 있는 이야기, 즉 내러티브를 만드는 것이 중요하다. 하지만 그동안 역사가들은 사실성만을 과도하게 강조할 뿐 자신이 구성한 역사 서술 형식의 허

**메타히스토리로서의 담론**
역사는 표면적으로는 중립적인 것으로 보이지만 그 배후에는 쓰이지 않은 메타히스토리로서 담론이 존재한다. 역사가는 이를 기초로 어떤 사건이나 인물을 역사 서사에서 배제하기도 하고 포함시키기도 한다.

구성에 대해 성찰하는 경우는 드물었다. 역사 서술은 사료와 사료 사이를 잇는 역사가의 주관이 작용하는 '역사관'을 통해 기술되는 것이다. 하지만 엄연히 존재하는 역사관을 마치 존재하지 않는 것처럼, 중립적이며 객관적인 것인 양 주장하는 경우가 적지 않다.

이는 모든 역사 서술의 이면에는 드러나지도 쓰이지도 않는 '메타히스토리로서의 담론discourse as metahistory'이 존재한다는 것을 드러내준다. 역사가는 역사관 또는 역사 서술 담론이라고 불리는 틀 안에서 특정한 사건은 배제하고 또 다른 사건은 포함해 역사 서술을 완성한다. 이 점에서 역사 서술은 그 자체로는 사실이 아니다. 역사가는 역사 서술이 자신의 상상력과 이데올로기가 만들어낸 산물임을 솔직하게 인정해야 한다.

또한 역사 서술은 기존에 무의미하다고 여겨 제외되었던 일들을 다시 의미 있는 것으로 구성하는 작업으로부터 시작된다. 흔히 정사正史라고 불리는 역사는 대부분 기록을 지닌 역사 속 '승리자의 기록'이다. 기록을 남길 수 없거나 역사 속에서 패배한 개인과 집단의 이야기는 정사에서 배제된다. 이 점에서 역사가는 사료가 답변하지 못하는 문제를 제기하고, 사료에 숨겨진 역사적 맥락을 드러내는 역할을 하는 사람이다. 87년 6월과 관련해 생각해보면, 가령 넥타이 부대의 역할은 강조하면서 명동 성당 안에서 나타났던 농성대와 운동 단체 간의 균열은 배제되거

6월 15일 밤 미사 전 명동 성당의 모습(6월민주항쟁계승사업회)

나 잊히길 원하는 역사가가 존재한다. 이러한 역사적 흔적의 배제, 포함, 강조 등을 결정하는 것이 역사가의 담론이자 역사 배후에 존재하는 메타히스토리이다. 이런 의미에서 과거의 흔적은 사라질 수는 있어도 집합적으로 소멸하지는 않는다. 그 흔적은 기념되든 거부당하든 주목받든 혹은 무시당하든 간에 어디에서나 존재한다는 사실을 잊어서는 안 된다.

'기억으로서의 역사'는 보이지 않게 된 다양한 역사의 증거와 흔적들을 다시 드러내는 것을 목표로 삼는다. 이런 맥락에서 이 책은 내가 재구성한 87년 6월의 이야기와 기억으로 이루어져 있다. 2장에서는 현재 시점에서 87년 6월의 의미를 재구성해보았고, 3장에서는 87년 당시를 각기 다른 위치에서 경험한 세 명의 인물, 즉 대학생 출신 노동자 · 대학생 · 부산에서 시위에 참여한 배달 노동자를 등장시켜 이들이 각각 인천과 서울, 부산에서 경험한 87년의 기억을 재구성했다. 물론 이들은 실존 인물이 아니라 내가 여러 자료를 참고해 만들어낸 역사적 상상력의 산물이다. 나는 이 세 인물의 기억을 재구성하는 과정을 통해 87년 당시 잘 드러나지 않았던 역사의 흔적 또는 사실과 사실 간의 실마리를 이어 보려 했다. 4장에서는 87년 6월을 한 발짝 떨어져 관찰한 기자의 취재 일지를 재구성함으로써, 87년 한 해 동안 일어난 사건들이 지닌 역동적 의미를 드러냈다. 그리고 5장에서는 87년 6월에 존재하는 균열과 모순의 지점이 서울 명동 성당이라는 작은 공간에서 어떻게 나타났으며, 그것이 6월 항쟁 세력 내부의 커다란 균열과 어떤 연관성이 있는지 추적했다.

이 책은 6월이라는 특정 시점뿐 아니라 87년 전반을 이야기하고 있지만, 7~9월 노동자 대투쟁과 대선 투쟁은 소략하게 다루었다. 이 두 주제에 대해 말하려면 그 자체로 또 한 권의 책이 필요할 것이다. 여기서는 87년 6월을 중심으로 한 기억과 이야기를 재구성했음을 밝혀둔다. 이제 그 메타히스토리를 찾아 떠나보자.

## 메타히스토리

메타히스토리metahistory는 역사학자 헤이든 화이트Heyden White(1928~)의 서사 이론에서 처음 제기되었다. 화이트는 역사란 본질적으로 허구fiction와 다르지 않으며 허구의 한 형태라는 사실을 기본 전제로 삼았다. 우리가 사용하는 역사는 이중의 의미를 지니는데, 하나는 '과거에 일어난 사건'을, 다른 하나는 '과거 사건에 대한 기술', 즉 '역사 서술'을 뜻한다. 여기서 메타히스토리란 역사적 사건 가운데서 특정한 사건을 배제하거나 종속시키거나 또는 강조해서 역사 이야기의 플롯plot을 결정하는 것을 말한다. 즉 사료의 사실성보다 사료 간의 배열, 선택, 배제 등을 결정하는 의미의 맥락을 중시하는 것이다.

화이트는 《19세기 유럽의 역사적 상상력—메타 역사Metahistory : The Historical Imagination in Nineteenth-Century Europe》에서 역사란 객관적 지식을 담아내는 과학이라기보다 연대기적 사건을 이야기 형식의 사건으로 전환하는 것, 다시 말해서 의미화의 체계 속으로 사건들을 배열해 시작과 종결이 있는, 이해할 수 있는 일련의 사건에 형식적 결합력을 부여하는 것이라고 주장했다. 이로써 그는 기존 역사학의 '탈역사화'를 통해 역사학과 다른 학문 간의 열린 학문으로서의 역사학을 추구했다.

특히 화이트는 역사에서 진리란 과거 속에서 발견되는 것이 아니라, 역사가의 해석을 통해 텍스트 형태로 인식될 수 있다고 말했다. 물론 그도 구체적인 어떤 사실이 과거에 존재했음을 부정한 것은 아니다. 그러나 중요한 것은 역사가가 다루는 대상이 사실이나 진리가 아니라 '사실이나 진리라고 불리는 것'이라는 점이다. 화이트에게 역사 서술이란 과거 속의 객관적이고 절대적인 진리를 설명하는 것이 아니라, 사실이나 역사의 진리라고 불리는 것에 대해 해석하는 것이다.

이 점에서 화이트는 소설가와 역사가의 차이는 소설가가 이야기를 창작하는 데 비해, 역사가는 연대기 속에 매장되어 있는 이야기를 발견하고 드러내 과거를 설명하는 데 있다고 말한다. 그렇다고 화이트가 양자를 동일시한 것은 아니며, 다만 같은 지평 위에서 이해하려는 것이다. 즉 역사 서술이 사실이라고 불리는 것에 의해 제한을 받기는 하지만, 이야기체로서 목적과 형식에서 소설과 동일성을 보인다는 점에서 역사와 문학의 차이는 종류의 차이라기보다 정도의 차이라는 것이다.

화이트는 역사가도 역사 서술에서 소설가와 마찬가지로 플롯 구성을 한다는 점에서 '역사의 문학성'을 강조했다. 역사가는 파편적으로 남은 사료와 사료 사이의 간극을 메우기 위해 '역사적 상상력'을 발휘해 주어진 사건들을 배열하는 플롯 구성에 참여함으로써 역사 서술을 완성한다는 것이다. 결국 메타히스토리를 통해 우리는 사료 중심주의와 실증주의만을 고집하면서 역사를 단일한 관점에서 파악하고 한 가지 해석의 절대성을 주장하는 것이 위험한 일이며 동시에 이데올로기적인 것이라는 사실을 알 수 있다.

# 2 장

# 87년 6월과 2008년, 2017년

1

# 정의롭지 못한 권력과 싸우다

## 폭력과 공포의 기억

2016년 가을과 겨울 사이, 나는 집으로 돌아가는 길에 매일 전경차로 바리케이드를 쳐놓은 광화문 거리를 바라봐야 했다. 퇴근길 버스를 갈아타기 위해 광화문 교보문고 앞으로 들어서다 보면 흉물스러운 전경 차가 온 길을 막아서며 버티고 서 있었다. 전투 경찰들은 심지어 밤늦은 시간 집 주변에까지 줄줄이 늘어서 있었다. 최순실 국정농단 사태를 규탄하는 촛불 시위가 연일 계속되던 당시의 풍경이다.

촛불을 든 젊은 세대는 어쩌면 전투 경찰이 어떤 존재인지 알지 못할지도 모른다. 2000년대 들어 거리에서 대규모 집회나 시위를 하는 일이 많지 않다 보니, 저 어두운 색조의 옷을 입은 전투 경찰이 무엇을 하는 이들인지 관심을 가질 계기도 많지 않았을 것이다. 하지만 1980년대에 전투 경찰은 아주 선명한 이미지

2008년 6월, 시위대의 청와대 진입을 막기 위해 경찰이 서울 세종로 네거리에 설치한 컨테이너 바리케이드

2000년 이후의 시위와 87년 6월 항쟁은 시간적 거리에도 불구하고 유사한 점이 많다. 정부 정책에 대한 시민들의 광범위한 분노에 기초한 저항이라는 점에서, 또 우발적이지만 대중이 아래로부터 구성한 정치 공간이라는 점에서도 비슷하다. 그러나 차이 또한 적지 않다. 직선제 쟁취와 미국산 쇠고기 수입 반대 그리고 최순실 국정농단 사태 규탄이라는 표면적 쟁점이 다를 뿐만 아니라 시위의 성격, 대중과 사회 운동의 관계, 운동 의제와 대안 등에서 중요한 차이가 있다.

백골단
권위주의 정권 시절, 범죄 진압을 수행하던 경찰 부대의 별칭이다. 특히 1980년대에 시위대를 진압할 때 일반 전경과 구분되는 복장, 즉 흰색 헬멧에 청색 재킷을 입어 백골단이라고 불렸다.

로 사람들의 머릿속에 각인되어 있었다. 그것은 다름 아닌 공포와 폭력이다.

2016년 촛불 시위 과정에서 경찰이 시위대를 진압하기 위해 물대포를 발사하고 그 결과 백남기 열사가 목숨을 잃는 일을 목격하면서 많은 이들이 분노했다. 요즘 세대는 큰 충격을 받았겠지만, 사실 1980년대에 이런 장면은 흔한 일이었다. 대학에서 민주화를 요구하며 전단을 뿌리다가 숨어 있던 사복 경찰에게 개처럼 끌려가는 일, 거리에 시위를 하러 나갔다가 경찰에게 잡혀 일명 닭장 차라고 불리던 전경 차에서 장맛날 먼지 날 때까지 두드려 맞는 친구의 모습……. 낭자한 피와 상처투성이 몸, 매운 최루 가스 냄새 등은 20여 년 전만 해도 일상적인 일이었다. 1991년에는 시위하던 대학 1학년생 강경대가 백골단의 곤봉에 맞아 사망하는 일이 발생하기도 했다.

2009년 용산 참사에서도 비슷한 일이 벌어졌지만, 1980년대에는 '공권력'이라고 불리는 경찰, 전투 경찰 등에 의해 시민의 권리가 제한되는 경우가 흔했다. 나는 2008년과 2016년 촛불 집회 당시 중고생들이 촛불을 들고 광화문과 시청을 누비는 모습을 보면서 한편으로 대단하다는 생각이 들었지만, 다른 한편으로는 '전경 무서운 줄 모르는구나'라는 것이 솔직한 심정이었다. 흔히 '국가 폭력'이라고 불리는 공권력에 의한 탄압은 생각해보면 참 역설적인 일이다. 경찰이나 군대는 시민의 안전을 위해,

**근대 국가와 폭력**

정치체로서의 국가 형성은 근대적 현상이다. 근대 국가는 전쟁과 같은 대외적 폭력 행사뿐만 아니라 자국민 보호, 세금 징수 등을 통해 대내적 폭력을 동시에 행사한다. 모든 근대 국가는 폭력 기구를 구비하고 있지만, 이전 시기와 다른 점은 폭력이 사사로운 보복에 기초한 것이 아니라는 사실이다. 근대 국가는 폭력을 독점하는 동시에 법에 기초한 형벌, 인신적 처벌 금지 등을 통해 폭력 행사에 있어서 동의의 절차를 마련했다. 한국에서 특히 잦은 국가 폭력의 등장은 지배 세력의 취약한 정당성과 사회적 기반을 반영하는 것이다.

외부의 위협으로부터 시민을 보호하기 위해 창설된 기구로 알려져 있다. 그런데 현실에서는 외부의 위협에 맞서는 것이 아니라 정권에 반대하는 개인과 집단을 억누르는 역할을 했으니, 세금으로 운영되는 경찰과 군대가 과연 그래도 되느냐는 질문을 던질 수밖에 없다.

## 6월 항쟁과 촛불, 같거나 혹은 다르거나

2008년, 2016년 촛불 시위와 87년 6월 항쟁을 비교하는 이들이 많다. 겉으로 보기에 2000년 이후의 시위와 87년 항쟁은 시간적 거리에도 불구하고 유사한 점이 많다. 우선 시청과 광화문 등 도심 곳곳에서 정부에 반대하여 일어난 운동이라는 점에서, 다음으로 정부 정책에 대한 시민들의 광범위한 분노에 기초한 저항이라는 점에서 무척 흡사하다. 그리고 우발적이지만 대중이 아래로부터 구성한 정치 공간이라는 점에서도 비슷하다.

하지만 차이 또한 적지 않다. 직선제 쟁취와 미국산 쇠고기 수입 반대 그리고 최순실 국정농단 사태 규탄이라는 표면적 쟁점이 다를 뿐만 아니라 몇 가지 중요한 차이가 있다. 첫째, 87년 6월 항쟁이 상대적인 경제 호황 국면에서 발생한 반면 2000년대 이후 촛불 시위는 경제 불황과 고용 불안, 실업 등의 조건 속에서 표출되었다. 이러한 조건의 차이는 대중 행동을 촉진하고 제

국민운동본부

1987년 5월 27일 발족된 '민주헌법쟁취 국민운동본부'를 가리킨다. 흔히 줄여서 '국본'이라고 불렸으며, 87년 6월 당시 반독재 연합을 형성하는 데 주도적인 역할을 담당했다.

제헌 권력

촛불 집회 과정에서 직접 민주주의 실현을 위한 대안들이 제기되자 이를 밑으로부터의 인민의 직접적인 권력 구성 과정으로 사고한 일련의 견해를 제헌 권력이라고 한다. 조정환이 대표적인 논자이며, 역사적 사례로 러시아 제헌의회를 들 수 있다.

약하는 데 일정한 영향을 미쳤을 것이다. 둘째, 87년의 경우 국민운동본부(국본)를 중심으로 한 사회 운동 진영이 문제를 제기하고 나서 점차 대중의 시위로 확산된 반면, 촛불 시위는 거리와 인터넷을 매개로 한 대중의 자발적이고 즉흥적인 시위 또는 거리 축제의 성격이 강했다. 셋째, 대중과 사회 운동 간의 관계에서도 차이가 있다. 87년 6월 항쟁 당시는 대중 운동의 형성기였기에 국본과 대중 사이에 조직적 차원은 아니지만 우호적인 관계가 존재했다. 반면 2000년대의 경우 2008년은 사회 운동의 위기 국면으로, 대중은 사회 운동 전체를 불신하고 거리를 두었다. 반면 2016년 촛불 시위 때는 사회 운동과 대중 간에 상대적으로 우호적인 관계가 형성되었다.

끝으로, 운동 의제와 대안에서도 다르다. 87년에는 호헌 철폐 · 직선제 쟁취라는 분명한 대안이 있었다. 이는 당시 제도 정치의 정상화라는 요구를 중심으로 국본, 재야, 학생, 지식인과 중산층 그리고 일반 대중 간의 넓은 연대를 통해 가시화되었다. 반면 2008년 촛불 시위는 87년과 비슷하면서도 다르다. 초기에 광우병이라는 집단적 공포에 근거한 '불안의 연대'에서 출발한 촛불 시위는 점차 제도 정치, 대의제 및 정당 정치에 강한 불신을 드러내면서 직접 민주주의를 제기하기도 했다. 이 과정에서 헌법 제1조의 핵심인 민주 공화국, 국민 투표, 국민 발의, 국민 소환제 등의 대안이 논의되기도 했다. 이를 '제헌 권력' 등으로 해석하는 경우도 있지만, 이는 새로운 이념이라기보다 국민 국가 정상화 혹은 공화국 헌법의 정상적 작동을 희구하는 이데올로기라고 평가할 수 있다. 이 점에서 '2008년 민주 공화국'은 20년이 넘는 시간의 흐름에도 불구하고 대중이 스스로 다스릴 수 있는 질서가 출현하지 않은, 대안 이념이 빈곤한 한국의 상황을 잘 드러내준다. 2016년 촛불 시위의 경우 JTBC의 태블릿 PC 보도 이후 최순실 국정농단, 세월호 사건 진실 은폐, 문화계 블랙리스트 작성 및 집행, 국정 교과서 강행 등 박근혜 정부의 '비정상적인 통치 행위 자체'를 문제시했다. 즉 헌법에 기초한 헌정 질서의 정상화를 대중이 요구한 것이었고, 그 결과로 헌법재판소의 '대통령 최초 탄핵' 판결로 마무리되었다. 그렇다면 87년 6월은 어땠을까?

87년 6월에 시민들이 거리로 나선 가장 큰 이유 가운데 하나는 전두환 정권의 '호헌 선언'이었다. 1972년 박정희 정권이 장기 집권을 위해 유신 헌법을 만든 이래, 유권자가 직접 대통령을 뽑는 것이 아니라 선거인단을 통해 간접적으로 선출하는, 이른바 '체육관 선거'가 15년이나 이어지고 있었다. 자신의 정치적 의사가 제대로 대변되지 못하는 상태가 오래 지속되자 시민들은 직선제를 요구하기 시작했고, 1986년부터 '헌법 개정 서명 운동' 같은 움직임이 조금씩 나타났다. 직선제에 대한 요구가 점차 강력해졌지만, 전두환 정권은 1988년 서울 올림픽 유치를 빌미로 개헌 논의를 올림픽 이후로 미룬다는 내용의 '4 · 13 호헌 선언'을 발표했다. 직선제를 통해 정치적 의사를 제대로 표현할 수 있을 것이라고 기대했던 사람들은 무척 실망하고 또 분노했다. 하지만 처음부터 시민들이 거리로 뛰쳐나와 직선제를 주장한 것은 아니다. 시민들의 내면 깊숙이 정부에 대한 공포가 뿌리내리고 있었기 때문이다.

## 서울의 봄과 광주 민중항쟁

1979년 10월 26일, 18년이나 장기 집권하던 박정희가 측근인 김재규의 손에 암살당했다. 박정희의 죽음에 많은 이들이 슬퍼했지만, 18년 동안 군부 독재에 신음하던 시민들은 '이제야 하고 싶은 말을 하고 살 수 있구나'라는 생각에 들뜬 마음을 감추지 못했다. 박정희 정권 아래서 사람들은 정부 정책에 불만이나 반대 의견이 있어도 말하지 못했고, 술자리에서 푸념하는 일조차 마음대로 할 수가 없었다. 민주적 노동조합을 만들고자 했던 동일 방직 여성 노동자들은 한국 최초로 '블랙리스트'에 올라 취업이 봉쇄되었다. 심지어 머리를 장발로 기른 남성이나 무릎 위로 올라오는 미니스커트를 입은 여성을 길거리에서 단속하는 진풍경이 벌어지기도 했다. 인터넷으로 경찰청 홈페이지를 항의 방문하고 동영상을 만들어 대통령과 정부 정책을 비판하는 요즘 세

다단계 쿠데타

1961년의 5 · 16과 같이 단절적인 군부 쿠데타가 아니라 여러 단계에 걸쳐 군부가 권력을 장악하는 쿠데타를 말한다. 1980년 당시 신군부는, 1979년 12 · 12 사태에서 출발해 1980년 5 · 17에 이르기까지 약 6개월에 걸쳐 다단계 쿠데타 과정을 밟은 뒤 권력을 장악했다.

대로서는 격세지감을 느낄 수밖에 없을 것이다.

1979년 10월 독재자가 사라진 뒤 한국 사회는 급격한 변화의 진통을 겪어야 했다. 1970년대 내내 언론, 집회, 출판, 결사의 자유를 누리지 못한 시민들은 노동조합 결성의 자유, 단체 행동 및 집회, 결사의 자유 같은 요구 사항을 들고 나왔고, 자유로운 선거와 민주주의를 향한 목소리가 전국 방방곡곡에서 울려 퍼졌다. 이 시기를 속칭 '서울의 봄'이라고 부른다. 봄에 만물이 소생하고 꽃이 피고 새순이 돋듯이, 1980년 서울의 봄은 18년간 움츠려왔던 시민들의 목소리가 드디어 터져 나온 시절이었다.

신군부의 주역 전두환과 노태우. 이들은 서울의 봄 당시 움트던 민주주의의 희망을 잘라버렸다

하지만 봄은 그리 오래가지 않았다. 전두환과 노태우로 대표되는 신군부는 지금으로부터 29년 전 민주주의와 인권을 향해 움트던 시대정신을 단칼에 잘라버렸다. 국민 대부분이 민주주의와 직선제, 군부 통치 종식 등을 희망할 때, 두 사람은 다른 꿈을 꾸고 있었다. 전두환과 노태우는 육군사관학교 출신의 정치적 야심을 지닌 군인 집단인 '하나회' 회원이었다. 박정희의 친위부대 역할을 하면서 정치적 야망을 키워온 이들은 박정희가 사망하자 군부의 재집권을 위해 쿠데타를 계획하고 군 내부의 쿠데타를 포함한 다단계 쿠데타를 감행했다. 이들은 우선 육군 참모총장을 제거하고, 그 다음 순서로 전두환이 중앙정보부장 서리를 겸하는 등 점차적으로 권력을 장악해나가려 했다. 그 와중

광주 민중항쟁
1980년 5월 17일 전국으로 비상계엄을 확대한 신군부가 자신들의 집권에 반대하는 광주 시민들을 폭도로 몰아 공수 부대와 군대를 투입해 진압하자, 광주 민중이 이에 맞서 10일 동안 저항한 사건을 가리킨다.

---

에 일어난 사건이 1980년 5월 광주 민중항쟁의 비극이다.

1980년 봄 군부 독재의 재집권에 반대하는 시민과 학생들의 시위가 격렬해지자 전두환을 비롯한 정치군인들은 정권을 탈취하고 반정부 민주화 운동을 전개하는 개인과 집단을 탄압하기 위해 전국에 계엄령을 발포했다. 그리고 민주화를 요구하는 광주 시민들을 총칼과 곤봉으로 무참하게 살해했다.

오늘날 광주 민중항쟁은 국가 기념일로 지정된 데다 이 사건을 기념하고 기록하는 다양한 예술 작품(문학, 미술 등)이 만들어지고 있지만, 내가 대학을 다니던 시절에는 관련 자료를 유포하는 것마저 금지되어 있었다. 당시 우리는 대학 축제인 대동제 때 강의실에 모여 80년 광주에 대한 영상을 보면서 그 참상을 공유했다. 영화 〈택시운전사〉(2017)에도 등장하는 외국 언론인들이 찍은 필름을 중심으로 편집한 자료였는데, 시민을 학살하는 공수부대의 만행, 그리고 참혹하게 죽어간 시민과 시민군의 모습을 보며 충격과 분노에 휩싸이지 않을 수 없었다. 왜 같은 국민이 국민에게 총부리를 겨누고 그들을 무참하게 죽여야만 했는가. 이 질문이 뇌리에서 떠나지 않았다. 1980년대에 많은 사람들이 군부 독재에 그토록 강렬한 반감을 품은 데는 광주에서 죽어간 원혼들에 대한 죄의식과 가해자에 대한 분노가 크게 작용했을 것이다.

그러나 많은 이들이 정부와 공권력에 분노를 느끼면서도 그에 대한 공포의 기억도 함께 가지고 있었다. 1980년대 초반 대학에

대의제
직접 민주주의에 대응하는 개념으로, 인민이 투표를 통해 자신의 권력을 대표자에게 신탁·대의하는 방식 일반을 대의제라고 한다. 투표를 통한 권력 신탁이라는 성격상 인민과 대표자 간에 괴리가 발생할 가능성이 늘 존재한다.

는 사복으로 위장한 경찰들이 학교 곳곳에 숨어 있다가, 학생들이 반정부 시위를 하면 부리나케 달려와 그들을 체포하곤 했다. 그래서 학생들은 사복 경찰에게 잡히지 않으려고 도서관에서 줄을 타고 내려오며 시위를 하기도 하고, 강의실이나 화장실 등에 은밀하게 유인물을 놓아두어 자신들의 주장을 알리곤 했다. 머나먼 다른 세상의 일 같지만 불과 30여 년 전의 일이다.

시위대를 해산하는 전경들(6월민주항쟁계승사업회)

대학에서 느끼는 공포가 이러했으니 일반 시민들의 두려움은 말할 것도 없었다. 내 부모님 세대 가운데는 선거 때 투표를 하지 않으면 죄를 짓는 일이 되어 관공서에서 잡아가는 줄 아는 분들이 적지 않았다. 본디 대의제에서 선거란 자신의 의견을 대신할 대표자를 선출하는 일이다. 그러나 선거에 출마한 모든 후보가 유권자 내지 시민의 의견을 대변할 수는 없다. 이것이 '대의제代議制'의 맹점 가운데 하나이다. 예를 들어 지금은 노동자·서민층을 대변하는 정당이 있지만, 1980년대까지만 해도 이들을 대변하는 정당은 존재하지 않았다. 따라서 마음에 드는 후보가 없는 경우 유권자는 투표를 하지 않음으로써 자신의 정치적 의견을 표출할 수 있다. 투표에 참여하는 것만이 정치 참여라고 볼 수는 없기 때문이다. 하지만 1970~80년대에는 정부가 나서서 투표 불참은 국민으로서의 권리이자 의무를 망각한 몰지각한 행동이라고 선전했고, 그래서 투표 하면 '무조건 찍어야 하는 것' 이라는 인식이 널리 퍼져 있었다. 지금도 선거 때마다 노년층의 투표 참여율이 높은데, 전부 그런 것은 아니지만, 그들에게 군부 독재 시절 겪은 공권력에 대한 공포가 아직도 남아 있기 때문일 것이다.

### 공포에서 분노로

하지만 공권력에 대한 공포를 분노로 바꾼 사건이 1987년에 일어났다. 그해 1월, 한 대학생이 치안본부 남영동 대공분실에서 강압적인 '물고문' 때문에 목숨을 잃었다. 그 대학생의 이름은 박종철이다. 87년을 경험한 사람들에게 쉽게 잊히지 않을 이름인 박종철은 서울대학교 언어학과 학생이었다. 경찰은 그가 학생 운동으로 수배된 선배의 연락처를 알 것이라는 막연한 심증만으로 연행해서는 가혹한 물고문을 가해 젊디젊은 목숨을 앗아갔다. 더욱 기막힌 일은 전두환 정부가 그의 죽음을 은폐하려고 시도했다는 사실이다. "탁 치니 억 하고 죽더라." 당시 정부가 사건을 은폐하고 조작하기 위해 만든 말이다. 더욱이 경찰은 고문을 주도한 당사자들을 숨기기 위해 무고한 부하들에게 죄를 뒤집어씌우는 일을 서슴지 않았다. 당시 고문치사 은폐 사실을 폭

박종철

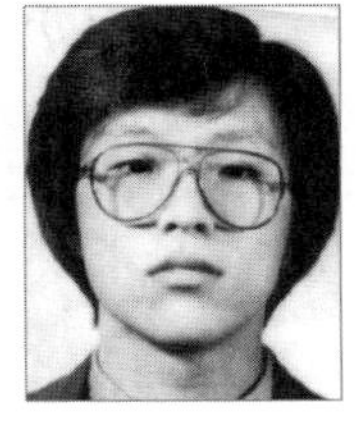

87년 6월 항쟁과 박종철의 죽음은, 80년 광주 시민의 죽음을 공권력에 대한 공포로 내면화해 살아가던 시민들에게 '부정의한 공권력에 대해서는 분노로 맞서 싸워야 한다' 는 생각을 불어넣었다.

87년 당시 이한열의 죽음을 추모하는 행렬 (이한열 추모사진집)

로하고 진상 규명에 앞장섰던 천주교 정의구현사제단의 용기가 없었다면 박종철의 죽음은 우연한 사건으로 묻혔을 것이고, 아마 6월 항쟁을 통한 민주화도 어려웠을 것이다. 87년 6월 항쟁과 박종철의 죽음은, 80년 광주에서 있었던 시민들의 죽음을 공권력에 대한 공포로 내면화해 살아가던 시민들에게 '부정의한 공권력에 대해서는 분노로 맞서 싸워야 한다' 는 생각을 불어넣었다.

2016년에 시민들이 촛불을 든 이유는 무엇일까? 헌법에 규정된 통치권을 오용하고 시민의 기본권을 위협하는 정부가 부당하다고 생각해서 퇴근 후 피곤한 몸을 이끌고 거리로 나간 것이 아닐까? 2016년 백남기 열사의 죽음에서 확인되듯이, 20여 년 전

박종철과 이한열이 그랬듯이, 지금도 공권력의 부당한 폭력으로 죽어가는 '열사烈士' 들이 여전히 존재하며, 부당한 정부 정책으로 인해 많은 사람들이 건강과 주거권과 생존권을 위협받을 가능성이 높다. 87년에는 부정의한 정부와 권력에 맞서 싸웠다면, 2008년에는 시민의 먹을거리와 건강권, 생존권 등 좀 더 넓은 의미의 일상적인 이슈를 제기했으며 2016년에는 비정상적인 통치 행위에 맞서 저항했다는 점에서 연속성과 차별성을 찾을 수 있다.

2

# 87년과 현재 진행형 역사

한국 현대사에서 1987년은 여러 측면에서 중요한 해이다. '87년 체제'라는 말이 있듯이, '87년'은 경제 위기로 국제통화기금(IMF)의 구제 금융을 받는 1997년 이전까지 한국 사회의 기본 구조를 만든 시기였다. 민주주의, 계급 균열, 지역주의와 3김 정치, 거리의 정치 등 1980년대에 해결되지 못하고 잠재되어 있던 것들이 한꺼번에 폭발해 이후 한국 사회에 영향을 미쳤다는 점에서 더욱 그러하다. 또 87년 6월은 우연적인 사건이 아니었다. 흔히 역사의 전개가 절반은 우발적인 요소에 의해 일어난다고 말하지만, 반드시 그런 것만은 아니다. 80년 광주 민중항쟁에서 시작해 민주주의와 인권, 그리고 새로운 사회를 위해 많은 사람들이 자신을 희생하며 싸웠고, 그 결과 가운데 한 단락이 87년 6월 항쟁이 아닐까.

촛불 집회에서 확인할 수 있듯이, 한국 현대사는 지금도 현재 진행형이다. 2016년에는 친박 태극기 집회와 가짜 뉴스 등으로 드러났고 잊을 만하면 다시 등장하곤 하는 '박정희 신드롬' 이라는 이야기가 있다. 1997년 한국이 경제 위기로 국가 파산 선고를 받게 되자 IMF는 재정 지원을 해주는 대신 강도 높은 구조 조정을 요구했다. 그 가운데 하나가 노동의 유연성을 확보한다는 이름으로 실시된 '정리 해고' 이다. 1960~70년대에는 고도 경제 성장이 진행되면서 '평생직장' 이라는 개념이 지배적이었다. 평생직장이란 말 그대로 한번 취직하면 본인이 떠나기 전에는 정년까지 월급을 받고 일할 수 있다는 의미이다. 가까운 일본에 '종신 고용' 이 있듯이 한국에도 평생직장이 존재했다. 하지만 1997년 이후 대규모 정리 해고에 따른 실직 사태와 실업률의 급증으로 평생직장이라는 말은 이제 옛말이 되고 말았다. 하루아침에 다니던 직장을 잃고, 대학을 졸업하고 몇 년이 지나도 취업이 되지 않고, 노숙자가 늘어나는 상황이 1997년부터 본격화되었다.

박정희 신드롬이라고 불리는 현상도 1997년 즈음부터 본격적으로 나타났다. 사람들은 직장에서 해고당하고 먹고살기가 어려워지자 '박정희 때가 좋았지' 혹은 '민주주의는 없었지만 그때가 좋았어' 같은 말들을 푸념처럼 입에 올리기 시작했다. 급격한 경제적 어려움에 직면하자 과거에 대한 향수, 특히 박정희 시기의 경제 성장을 그리워하는 움직임이 나타나게 된 것이다. 2007년 대통령 선거 결과가 말해주듯이, 경제 성장의 신화가 재현되

박정희

기를 바라는 사람들은 보수 정당에 승리를 안겨주었다. 이는 자유롭게 말하고 주장하는 것보다 경제적 안정이 더 중요하다고 생각하는 사회적 흐름을 반영한 것이다. 일부 사람들은 박정희가 자행한 인권 탄압, 민주주의 제도와 가치 파괴, 개인의 가치를 무시하고 국가와 민족 같은 집단의 가치만을 맹목적으로 강요했던 일들을 잊어가는 듯하다. 이런 분위기에 편승해 독재자 이승만이 대한민국을 건국했고 박정희가 부국富國을 만들었다고 주장하는 이른바 '뉴라이트'라는 단체가 만들어져 역사 교과서 국정화 등을 주도했다. 심지어 박근혜 탄핵 심판 이후에도 박정희 신드롬은 '종교'와 같은 형태로 남아 있다.

역사가 현재 진행형이라는 의미는 역사란 표면적으로 지나간 과거처럼 보이지만 과거는 현재를 사는 사람들에 의해 끊임없이 다른 의미로 해석된다는 뜻이다. 박정희 신드롬의 형성과 몰락이 그렇듯이, 내가 느끼는 87년 6월 항쟁과 다른 세대가 새로이 해석하는 6월 항쟁은 많이 다를 것이다. 혹자는 87년을 거리, 민주주의, 직선제, 열사의 죽음 같은 단어로 이해하지만, 다른 세대에게는 또 다른 언어가 있지 않을까? 거리에 최루탄과 화염병이 나뒹굴고 무자비한 폭력으로 얼룩졌던 나의 젊은 날과, 촛불을 밝혀 들고 거리를 활보하며 춤과 노래 등 재기 어린 방식으로 정부를 조롱하는 오늘날의 젊은 날은 무척 다를 것이다. 하지만 분명한 것은 시간의 흐름에 따라 역사를 새롭게 읽는 것과 동시에 그 과거와 대화하려는 노력이 함께 이루어져야 한다는 것이다. 이제, 87년 6월에 대한 다양한 기억을 되새기면서, 공식화된 역사의 뒤편에 묻혀 사라져간 이야기와 해석들을 공유해보고자 한다.

깊이
읽기

## 박정희 신드롬

한국 현대사에서 박정희만큼 논란의 대상이 되는 '역사적 개인'은 찾기 어려울 것이다. 박정희와 그의 시대에 대한 평가는 군부 독재, 장기 집권, 인권 탄압이라는 측면과 경제 성장, 근대화, 새마을 운동 등의 측면이 함께한다. 1996년 공보처 조사에서 박정희는 23.4퍼센트를 얻어 우리 국민이 가장 존경하는 인물로 선정되었으며, 1997년 동아일보가 '역대 대통령 중 직무를 가장 잘 수행한 대통령'을 묻는 조사에서도 박정희가 75.9퍼센트로 1위로 선정되었다. 지금도 박정희와 박정희 시대에 대해서는 극과 극의 평가가 공존한다.

박정희 신드롬이 처음 나타난 것은 1993년경으로, 당시 언론과 출판 등 문화 분야에서 박정희 복고주의가 인기 상품으로 등장했다. 동아일보에 연재된 〈남산의 부장들〉, 중앙일보에 연재된 〈청와대 비서실〉, 조갑제가 《월간조선》 1993년 11월호에 쓴 〈박정희와 김영삼의 화해〉 등이 대표적인 예인데, 이들은 박정희 장기 집권의 이유를 근대화에 대한 사명감으로 둔갑시켰다.

그러나 박정희 신드롬이 본격적으로 가속화된 것은 1997년 경제 위기 이후이다. 실업, 고용 불안, 가족 해체 그리고 '고개 숙인 아버지' 등이 주요 사회 현상으로 등장하면서, 과거 민족의 가부장 역할을 했던 박정희를 재평가하는 흐름이 유행처럼 번졌다. 대표적인 예로, 1997년 작가 이인화는 박정희를 모델로 해 장편소설 《인간의 길》을 출간했으며, 조갑제는 조선일보에 연재한 박정희 전기를 1998년부터 4년에 걸쳐 《내 무덤에 침을 뱉어라》 1~8권으로 펴냈다. 이처럼 박정희 신드롬은 경제 위기 직후 어려움에 빠진 개인과 집단에게 과거의 절대적 부권에 대한 향수를 불러일으켜, 카리스마적 지도자로서 박정희를 기억하게 하는 방식으로 나타났다.

# 3 장

# 87년 6월 전야—그들 기억 속의 87년

학출 노동자
'대학생 출신 노동자' 를 줄인 말이다. 광주 민중항쟁 이후 노동 현장의 정치화를 위해 기득권을 포기하고 노동 운동에 투신한 지식인들을 통틀어 학출 노동자라고 불렀다.

87년 6월을 단일한 기억으로 설명하기는 쉽지 않을 것이다. 박종철과 이한열의 죽음이라는 우발적인 사건이 주된 계기가 되었지만, 그들의 죽음만으로 6월 항쟁을 설명한다면 그 의미와 영향을 다 담아내지 못하게 된다. 나는 87년 6월 항쟁과 그에 대한 기억의 전모를 하나의 이야기로 만드는 것 자체가 불가능하다고 생각한다. 서울과 부산의 6월이 다르고, 광주와 대구 그리고 또 다른 공간의 6월은 저마다 다른 빛깔이기 때문이다. 또 학생들에게 6월이 거리 투쟁이었다면, 인천의 노동자들에게는 실제 전투를 방불케 한 한밤의 전투로 남아 있을 수도 있으며, 부산의 배달 노동자에게는 1979년 부마항쟁의 부활로 기억될 수도 있을 것이다.

이 장에서는 87년 6월 전야에 대한 기억을 학출 노동자, 대학생 그리고 기층 대중이라는 세 명의 등장인물을 통해 재현해보려 한다. 서로 다른 시공간에서 80년대와 87년 6월을 경험한 세 사람의 기억을 통해, 서로 다른 87년 6월의 퍼즐을 맞추어볼 수 있을 것이다. 여기서 나는 특히 다음과 같은 질문에 중점을 두었다. 왜 노동자 운동은 87년에 큰 영향을 미치지 못했을까? 그리고 1986년 말까지만 해도 급격하게 위축되었던 학생 운동이 87년 6월에 중심 세력으로 등장한 이유는 무엇일까? 마지막으로, 다른 지역에 비해 유독 격렬한 가두시위가 벌어진 부산의 경험은 어디에서 비롯된 것일까?

이 장의 이야기들은 여러 자료를 참고해 내가 재구성한 것이다. 세 사람의 이야기를 통해 87년에 다가가는 실마리를 찾아보자.

# 1

## 첫 번째 기억
## —공장으로 간 여성이 본 87년

### 학출 혹은 위장 취업자

거의 1년 만의 귀가였다. 지난 해 봄, 나는 아무런 상의도 없이 휴학계를 내고 집을 나왔다. 그 후 구로 공단에 있는 작은 공장에서 노동자로 일했고, 세상은 나를 '위장 취업자'라고 불렀다. 마침 주말이라 집에 있던 아버지가 거실에서 나를 맞았다. 반가운 얼굴을 하실 것이라고는 기대조차 하지 않았지만 아버지의 첫 마디는 당황스러웠다.

"넌, 우리 가족의 배신자야……혼자만 아는 못된 것."

난 아무 대꾸도 하지 않았다. 아버지가 말을 이었다.

"가족들을 조금이라도 생각했다면 그런 선택을 해서는 안 돼. 배은망덕한 것. 꼴도 보기 싫다. 나가버려."

나는 아무 대꾸도 하지 않고, 뒤로 돌아 천천히 온 길을 되짚어 나갔다. 막상 집 밖으로 나서니 한편으로 시원했고 다른 한편으

구로 공단

구로 수출산업공업단지의 약칭으로, 박정희 정권 때인 1964년 국가 차원에서 수출을 육성하기 위해 만든 수출 단지 가운데 하나이다. 1970~80년대에는 봉제, 전자, 가발 등 여성 노동자들이 주로 일하던 업체들이 입주해 있었다. 신경숙의 자전 소설 《외딴방》에 당시의 분위기가 잘 묘사되어 있다.

---

로 머리 한구석이 시큰거렸다. 처음 집을 나왔을 때는 일주일에 한 번씩 어머니에게 전화를 했다. 걱정을 덜어드리기 위해서이기도 했지만, 행여 집에서 행방불명 신고를 하면 어렵게 시작한 현장 활동을 망쳐버릴 것이라는 우려 때문이기도 했다. 자초지종을 대강 이야기하면, 어머니는 흐느끼시기만 했다.

1980년대 위장 취업, 노조 결성, 투쟁의 실상 등을 그린 소설 《너는 불화살》의 표지

"내가 널 어떻게 키웠는데……아픈 데는 없니? 아버지가 많이 걱정하셔."

처음에는 나도 울먹였지만, 시간이 지나면서 전화를 걸 시간도 길게 통화할 마음의 여유도 없었거니와 가족에 대해 무감해졌다. 특히 아버지의 걱정이라는 말은 대학 시절 기억을 떠올리게 할 뿐이었다. 1학년 어느 날, 집에 들어가니 아버지의 표정이 심상치 않았다. 내 방에서 무언가를 찾다가 당시 내가 읽던 책과 학습 노트를 보신 것이다. 당장 외출 금지 명령이 떨어졌지만, 그에 굴할 내가 아니었다. 이틀 정도 지났을까. 어머니의 감시가 느슨해진 틈을 타 운동복 차림으로 탈출해서는 넉 달 동안 같은 '패밀리'에서 공부하는 친구의 자취방에서 지냈다. 이렇게 스무 살에 처음 가출을 한 나는 현장으로 갈 때까지 외출 금지와 탈출을 반복했다.

이젠 식상한 말이 되었지만, 80년대 지식인은 '실천적' 혹은 '변혁적' 이라는 수식어를 머리에 자랑스럽게 쓰고 다녔다. 당시 많은 지식인들이 대학이라는 상아탑의 위선을 떨치고, 민중이

1932년, 브나로드 운동에 참가할 학생을 모집하는 동아일보 광고

숨 쉬는 현장으로 떠났다. 기득권을 포기하고, 언젠가 민중이 붉은 메시아처럼 떨쳐 일어나 착취의 사슬을 찢어버릴 것이라는 신념 아래 물밀 듯이 공장으로 밀려들어 갔다. 마치 러시아의 브나로드 운동처럼 '민중 속으로' 파고들었다.

지금은 '학출' 이라는 단어를 알고 있는 사람이 많지 않을 것이다. 당시 우리는 '위장 취업자' 나 '학삐리' 라는 다소 경멸의 뜻이 담긴 이름으로 불렸다. 우리가 취업 자체를 목적으로 하거나 평범한 노동자가 되어 돈을 벌려고 한 것이 아니라는 점에서 이 표현은 틀린 말이 아닐지도 모른다. 우리는 저임금, 장시간 노동, 무권리, 낮은 의식으로 허덕이는 노동자들에게 '진정한 계급' 이 될 방법을 알려주려고 거친 노동 현장으로 숨어들었다.

나도 학삐리라는 말 때문에 상처 받은 일이 있다. 해고 투쟁을 하다 가두시위를 주도해 감옥에 들어왔을 때, 어머니는 매주 음식과 책을 싸들고 면회를 오셨다. 그리고 오실 때마다 춥지는 않은지, 아픈 데는 없는지, 더 필요한 것은 없는지 물으신 뒤에는 "무조건 잘못했다고 해라" 라는 말을 녹음기처럼 반복하셨다. 어느 날 면회를 마치고 돌아가자 같이 잡혀온 친구가 물었다.

"왜 그리 씩씩대니? 매번."

"엄마 말야, 오실 때마다 검사한테 싹싹 빌라고 하잖아. 짜증나게."

잠시 침묵이 흐른 뒤에 그녀가 조용하게 말했다.

당시 우리는 '위장 취업자' 나 '학삐리' 라는 다소 경멸의 뜻이 담긴 이름으로 불렸다. 우리는 저임금, 장시간 노동, 무권리, 낮은 의식으로 허덕이는 노동자들에게 '진정한 계급' 이 될 방법을 알려주려고 거친 노동 현장으로 숨어들었다.

"나는 네가 부러워. 걱정해주는 사람이 있잖아. 난……이곳에서 나가면 어디로 가야 할지 감이 안 잡혀. 역시 배운 거랑 못 배운 거랑 이런 데서 차이가 나나 봐."

서늘한 그녀의 눈빛을 보며 나는 온몸에 소름이 돋는 것 같았다. 그녀는 학삐리인 나를 야유하고 있었다. 우리는 이런 야유를 피하려고 겉모습을 바꾸려고 했다. 논리적이기보다 단순하고 감성적이며 열정으로 가득 찬 사람으로 보일 것. 이것이 당시 위장 취업자들의 과제였다. 그러나 출신 성분은 다시 태어나지 않는 한 극복하기 어려운 벽이었다. 나와 비슷한 공간에서 활동한 한 여성은 다음과 같은 심경을 남겼다.

> 내 뿌리 깊은 자유주의적 성향이나 사고방식이 과거와 뼈아프게 단절한 후에도 그렇게 버티고 있을 줄은 나 자신도 몰랐다. 나는 잘 때 잠옷으로 갈아입었고, 파마를 해도 빠글빠글하게 못 했으며, 책이란 책은 다 버리고 최소 생필품만 갖고 살면서도 셰익스피어 작품인 《햄릿》과 스타인벡이 쓴 《생쥐와 인간》이라는 문고판을 한구석에 끼고 있었다. 무엇보다 노동자 계급이 갖는 품성(투지)과 계급적 감성이 부족했다.*

* 유경순, 《같은 시대, 다른 이야기》(메이데이, 2007), 206쪽.

나는 뼛속 깊이 자리 잡은 유전자의 성향을 버리고 싶었지만, 그때 내가 버린 것은 껍데기에 지나지 않았다. 당시에 내가 생각했던 노동자 상은 어쩌면 나를 지탱하기 위한 환상은 아니었을까? 내가 진짜 노동자로 서기 위해 가상의 노동자 상이 필요했던 것이 아닐까?

### 피아노와 미싱—존재 이전

1990년대 중반에 노동 운동 단체를 정리하면서 나는 한동안 학출 노동자 시절에 대한 기억을 유보했다. 나와 내 주변의 모든 것이 혼란스럽고 뒤죽박죽인 상태였기 때문이다. 그러다 보니 10년이 훌쩍 지나갔고 지금 나는 사십 대 대학원생으로 살고 있다. 분명한 것은, 대학원 진학 그리고 책과 함께하는 안온한 일상은 내 인생에서 뒷걸음질에 해당한다는 사실이다. 나는 불의한 정권에 비판적이지만 더 이상 그런 이야기를 하고 싶어 하지 않는다. 2008년 촛불 시위 때, 아이들과 같이 거리에 나가보자는 남편의 바람도 한마디로 잘라냈다. 남편은 우리가 겪었던 거리의 열기를 아이들도 공유할 자격이 있다고 며칠 동안 나를 설득했지만 나는 요지부동이었다. 나는 거리에서 다시 구호를 외칠 자신도 없었고, 무엇보다 '난 이제 한물간 퇴물인데……' 라는 자격지심이 옷자락을 잡았다. 비싼 대학원 등록금을 내며 사십 대에 공부를 하고 있는 나 자신에 대한 가치 비하가 늘 잠재해 있다.

돌아보면, 내가 현장에 일찍 가게 된 이유 중 하나는 선배들에 대한 실망 때문이었다. 현장이 신화로 여겨지던 시절, 공장 밥을 먹는 선배는 후배들에게 외경의 대상이었다. 선배들은 술자리에서 귀에 못이 박히도록 "지식인의 기득권 포기"라든지 "민중과 함께 살아야 한다"는 말들을 쏟아냈다. 그러나 시간이 지날수록 그 말을 지키는 사람은 많지 않았다. 민중의 곁이 아니라 다른 길로 가는 사람들이 훨씬 많았다. 운동의 포기, 일상으로의 회귀. 그들을 보며 나와 친구들은 힐난을 퍼부었다. 대학원에 가서 학술 운동을 한다는 선배들도 비난의 대상이 되었다. 술자리에서 우린 그들에게 야유를 보냈다. "책 나부랭이 끼고 혁명 잘해보세요." 참 부끄러운 단어들의 조합이었다.

80년대 학출 노동자들은 개별적으로 노동 현장에 뛰어든 이전 세대와 달랐다. 이들은 광주 항쟁 이후 조직적으로, 그리고 대규모로 수도권을 중심으로 한 사업장에서 현장 활동을 전개했다. 그 규모를 정확하게 추정하기는 어렵지만 1986년 노동부 분석에 따르면, 적발된 위장 취업자 수가 1985년에 321명, 1986년 5월 기준 259명이라고 되어 있다. 그런데 사업장의 규모와 작업장 노동자의 성별과 성격, 기업의 노무 관리 방식, 지역에 따라 학출 노동자의 존재 방식은 천차만별이었다.

당시 '남한의 페테르부르크'라고 불렸던 인천의 경우, 학생 운

대우자동차 파업 투쟁
1985년 대우자동차의 학출 노동자 이용선과 송경평 등이 주도해 전개한 파업 투쟁이다. 학출 노동자의 존재가 처음 사회 문제가 된 사건으로, 이후 위장 취업자들에 대한 정부의 감시가 강화되었다.

1985년 출간된 《대우자동차 파업 · 농성》 표지

동 정파가 상당 부분 그대로 옮겨질 정도로 많은 학생들이 현장으로 이전했다. 인천에서 현장 활동을 위한 기본 교육을 시킨 후에 활동가들을 전국 각지로 보내기도 했다. 1985년 대우자동차 파업 투쟁으로 학출 문제가 사회화되기 전에는 개인적인 소개 등을 통해 취업하는 것이 어렵지 않았다.

나를 비롯한 여성들은 대학생 티를 내지 않으려고 안경 대신 콘택트렌즈를 착용하고, 구슬 핀을 꽂고 디스코바지를 입었다. 면접 때는 진하게 색조 화장을 하고 치마를 입고 귀걸이를 하는 것이 필수였다. 그러나 시간이 갈수록 위장 취업자를 막기 위한 면접이 강화되었다. 이야기를 시켜보고, 글을 많이 쓰면 생기는 손가락의 매듭을 검사하기도 했다. 정부의 임금 억제 정책이 잇따라 무력화되고 대우자동차 파업을 학출 노동자가 주도하는 것을 목도한 국가는 해당 지역 학출 노동자와 노조 결성에 적극적인 노동자를 무조건 해고함으로써, 노동 운동 정치화 요인의 '잠재적인 가능성' 마저 제거하려 했다.

나는 노동자들과의 문화 차이보다 어설픈 기술 때문에 어려움을 겪었다. 아무리 시간을 쪼개서 배워도 익숙해지지 않는 내 무딘 손재주가 원망스러울 따름이었다. 음대 출신의 한 선배는 "미싱도 피아노 건반처럼 생각하면 어렵지 않아. 리듬이 있거든"이라는 말로 나를 부럽게 했다. 그는 아직도 노동 운동을 하고 있다. 피아노와 미싱. 나는 그 오묘한 조화를 아직도 참 이해하기

닭장집
1970~80년대에 서울 구로구 가리봉동 등에서 노동자와 도시 빈민이 거주하던 주거 형태를 말한다. 보통 두세 평 크기의 방들이 다닥다닥 붙어 있는 집단 거주 지역으로 환경이 몹시 열악했다. 흔히 '벌집' 이라고도 불렸다.

어렵다.

중간에 나는 인천에 있는 공장으로 옮겼다. 처음 온 인천은 낯설기 그지없었다. 좁디좁은 닭장집들이 모여 있던 그곳을 돌이켜보면, 참 힘들고 고단했다는 기억만 떠오른다. 당시 인천제철이나 가좌동 일대는 사방이 빈민촌이었다. 농촌에서 농사짓다 올라온 사람들, 딸은 다방 레지이고 아버지는 알코올 중독자인 집, 남동생은 깡패 어머니는 폐병 환자인 가족 등 불행을 껴안고 사는 사람들이 그곳에 살았다. 자취방에는 쥐가 드나들었고 연탄불을 관리하지 못해 연탄가스 중독으로 목숨을 잃은 위장 취업자도 있었다. 이런 낯선 환경에 적응하는 일은 쉽지 않았다. 당시 대학생 가운데 여대생 비율은 10퍼센트 정도였으며 그중 적지 않은 수가 부잣집 딸들이었다. 따뜻한 물로 샤워하던 그녀들에게 차가운 현장 그리고 열악한 자취방은 참으로 견디기 어려운 곳이었다.

## 버리기 어려운 문제들

몇 년 전 나는 동네에서 장을 보다 낯익은 얼굴을 만났다. 현장에서 노동법 공부 모임을 같이 하던 친구였다. 20여 년 만에 만난 그녀와 찻집에 마주 앉았다. 이런저런 이야기 끝에 그녀가 말했다.

"언니야. 니가 데모해서 구속된 뒤에, 내한테 형사가 몇 번 찾아왔었다."

"뭐, 왜?"

"별건 아니끄. 그때 했던 노동법 모임 야그를 자꾸 하더라. 언니야 니 이름을 알고 싶어 하는 것 같던데 나는 그냥 모른다끄 했다. 내는 몇 번 나가다가 무서버서 안 나갔다고 했더니 그 담엔 안 오더라."

"진짜 괜찮았니?"

"한 번은 경찰서에 끌려가서 좀 얻어맞긴 했는데, 뭐 개안타. 더 심하게 당한 아들도 많았는데……. 참 언니야, 나 그때 끝까지 언니 이름 얘기 안 했다. 언니야 이름 금순이 맞재, 금순이?"

맑게 웃으며 스스럼없이 말하는 그녀 앞에서 차마 아니라고 말할 수가 없었다. 그 이름은 내 이름이 아니었다. 현장에 들어가며 빌린 가짜 주민등록증 주인공의 이름이었다. 아직도 자신이 내 이름을 알고 있다고 믿는 그녀 앞에서 '미안하다' 라는 단어 외에는 떠오르는 말이 없었다. 그녀를 보니 1985년의 일이 생각났다.

1985년 2 · 12 총선 때였다. 우리는 선거 보이콧을 정당화하기 위해 총선을 제도권 정당과 부르주아들의 잔치라고 낙인찍었다. 우린 혁명을 꿈꾸었고 노동자들은 정당한 권리를 희구했다. 두 가지는 다른 문제가 아니었지만, 우리는 근본적인 변혁을 원했기에 선거를 그들만의 잔치로 간주했다. 우리의 경직성은 그것만이 아니었다. 당시 교사를 하던 후배와 만난 자리에서 나는 술

김에 해서는 안 될 말을 던지고 말았다.

"너, 그렇게 혼자 편하게 지내니 맘이 편하니? 교사는 노동자가 아니야. 한낱 소부르주아에 불과해!"

대학 시절 서클 운동을 했던 후배에게 그 말이 얼마나 상처가 될지, 교조적인 생각에 갇혀 있던 나는 헤아리지 못했다. 몇 해 뒤, 나는 대학 동기에게서 그 후배가 교사를 그만두고 노동 현장에 갔다는 이야기를 들었다. 나와 만난 후 몇 달 동안 고민하다 구로 공단으로 갔다는 것이다. 내 말 한마디가 그녀로 하여금 교직을 포기하게 한 것이다. '노동자=생산직'이라는 경직된 생각과 말이 낳은 결과였다.

## 노조 만들기

나는 두 번째 현장에 들어왔지만, 막상 모임 하나 만들기도 어려웠다. 사방에 감시의 시선이 있었고, 자는 시간조차 부족한 노동자들과 얼치기 위장 취업자들에게 친목 모임 하나 만들자고 제안하는 일도 어려웠다. 돈, 연애, 신분 상승에 대한 욕구 등 노동자들이 보이는 겉모습에 실망한 이들은 반년도 못 견디고 현장에서 사라지곤 했다. 우리는 끈기와 참을성이 부족했다.

간혹 위장 취업자를 고발하는 노동자도 있었지만, 대부분의 문제는 우리 자신에게서 나왔다. 우리는 노조를 만들거나 이를 위

선도 투쟁

1980년대에 선진적인 활동가들을 중심으로 점거 농성, 가두 투쟁 등의 형태로 정치적 요구를 사회적으로 확산시키려 했던 투쟁 방식이다. 줄여서 '선도투'라고 불렀다.

1985년 6월 25일 민통련 사무실에서 열린 구로동맹파업 지지 대회 © 구로동맹파업추진위

한 투쟁을 조직하다가 대학생 출신이라는 신분이 발각되면 즉각 '해고투쟁'에 돌입했다. 이는 복직을 위한 투쟁이 아니라, 유인물 배포 등으로 노동자들의 투쟁을 일으키는 것이 목적이었다. 하지만 노동자들은 쉽게 호응하지 않았고, 조직은 파괴되기 일쑤였다. 이런 우리들의 선도 투쟁에 대해 한 노조 간부가 해준 조언 역시 잊을 수 없다.

"나도 정치 투쟁이 중요한 건 알아. 하지만 내가 먼저 치고 나간다고 모두 그럴 거라고 생각하는 건 틀렸어. 너희들이 자꾸 그렇게 나갈수록 노동자들과는 멀어질 수 있어."

하지만 우린 그 목소리를 무시하는 경우가 많았고, 어렵게 꾸린 소모임을 조급한 가두 투쟁으로 날려버리는 일도 적지 않았다. 그러다가 우리가 감옥에 가게 되면 의식의 세례를 받은 노동자들만 남겨졌다. 우리는 남겨진 그들에게 그것이 상처가 될 줄은 미처 알지 못했다.

## 1986년 5월 3일 인천

1986년은 인천 활동가들에게 슬픔과 즐거움이 교차하던 시기였

서노련과 인노련

서울노동운동연합과 인천노동운동연합의 약칭. 80년대 정치적 노동 운동 단체를 대표하는 조직이다. 서노련은 구로동맹파업 직후 정치적 대중 조직과 선도 투쟁의 중요성을 강조하고, 노동 운동의 본령은 정치 투쟁임을 주창하며 노동 운동의 헤게모니를 장악했다. 이후 과도한 선도투, 조직 내 관료주의, 이념적 절충성 등으로 인해 해산한다.

---

다. 서노련과 인노련 결성 후 각 공장의 선도 투쟁은 무참하게 깨져 나갔고 현장 분위기는 뒤숭숭했다. 우린 선도적인 투쟁이 대중들이 들고 일어날 분위기를 조성할 것이라고 생각했지만, 그 꿈은 무참하게 깨졌다.

그 절정이 5 · 3 인천 항쟁이었다. 인천의 활동가, 수배자들까지 총동원된 5 · 3 투쟁은 우리의 마지막 발버둥이었는지도 모른다. 지도부는 엄청난 양의 유인물을 제작했고, 야전 지도부를 구성해 조직적으로 대처했다. 민통련, 인노련 그리고 수많은 단체가 50여 종의 유인물을 배포하며 구호를 외쳤던 그날, 인천은 '해방구' 였다. 단체별로 연설 무대를 마련해서 대중 선동을 진행했으며, 활동가들은 리어카로 유인물을 옮기고 '꽃병' 을 준비했다. 결과와 상관없이 그날 하루는 '여한 없이 싸워본 날' 이었다.

하지만 문제는 다음부터였다. 경찰은 73개 중대 1만여 명을 동원해 시위 참가자 400여 명을 연행했고, 그 가운데 133명을 소요죄로 구속하고, 50여 명에게 수배령을 내렸다. 이로써 고난의 시절이 시작되었다. 10월 17일 치안본부장은 전국의 대공과장을 모두 소집해서 지하 조직 지도부 50인 검거를 지시했다. 그 후 우리는 숨죽이며 활동을 하거나 수배를 피해 도망 다녀야 했다. 그해 6월 권인숙에게 가해진 잔인한 성고문 사건 역시 5 · 3 항쟁의 여파였다.

1986년 5 · 3 인천 항쟁 ⓒ 오경열

인천의 활동가, 수배자들까지 총동원된 5 · 3 투쟁은 우리의 마지막 발버둥이었는지도 모른다. 지도부는 엄청난 양의 유인물을 제작했고, 야전 지도부를 구성해 조직적으로 대처했다. 민통련, 인노련 그리고 수많은 단체가 50여 종의 유인물을 배포하며 구호를 외쳤던 그날, 인천은 '해방구'였다. 단체별로 연설 무대를 마련해서 대중 선동을 진행했으며, 활동가들은 리어카로 유인물을 옮기고 '꽃병'을 준비했다. 결과와 상관없이 그날 하루는 '여한 없이 싸워본 날'이었다.

권인숙
전두환 정권 때 자행된 '부천서 성고문 사건'의 당사자이자 노동 운동가, 여성학자이다. 1986년 권인숙은 주민등록증 위조와 위장 취업 혐의로 부천 경찰서에서 조사를 받던 중, 형사 문귀동에게 성적 모욕과 추행을 당했다. 그녀는 이를 만천하에 폭로해 정권의 부도덕성과 반여성성을 드러냈다.

## 1987년 6월, 인천

해가 바뀌어 봄이 왔다. 그러나 진짜 봄은 아니었다. 박종철 군 고문치사 사건이 일어났지만 눈에 띄는 대응을 하기는 쉽지 않았다. 인천도 6월 10일 전에는 조용하기 이를 데 없었다. 그러나 6월 10일 저녁이 되자 엄청난 인파가 모여들었다. 그날부터 16일 동안 우리는 침묵했던 대중의 폭발을 몸으로 느낄 수 있었다. 서울에서는 넥타이 부대라고 불린 화이트칼라가 부각되었지만, 인천은 달랐다. 부평 4공단 노동자들이 퇴근 후 시위대에 합세해 새벽까지 전투를 방불케 하는 투쟁을 적극적으로 전개했는데, 특히 10, 18, 26일에 집중되었다.

6월 10일 저녁 6시 반경, 시위대는 부평역 시장 상인들을 대상으로 군부 독재 타도를 선동하는 소규모 대중 집회를 열었다. 8시에 시위대는 대우자동차를 지나 갈산동 입구에 도착했다. 4천여 명이 운집한 가운데 2차 대중 집회가 열렸다. 경찰은 이미 저지 능력을 상실한 상태였다. 9시부터는 청천동 투쟁이 전개되었다. 퇴근한 노동자들이 동참하면서 시위대가 3천 명에서 5천 명으로 급증했고, 대오에서는 '노동 3권 쟁취, 임금 인상, 잔업 철회' 등의 구호가 터져 나왔다. 9시 반에는 청천 파출소 앞에서 인천 공대위 주최로 3차 대중 집회가 열렸고, 전두환 화형식이 치러졌다. 이날 시위는 밤 11시경 효성 사거리 5천여 명의 4차

대중 집회 및 해산식으로 종결되었다.

16일에도 노동자들은 10시 퇴근 후 1만여 명이 모여 공단을 중심으로 가두시위를 벌이다 12시경에 해산했다. 이즈음부터 소그룹들이 준비한 야간 시위가 일정하게 반복되었다.

18일 저녁 8시, 시위대는 백마장 입구로 이동해 2만여 명이 모인 가운데 대중 정치 집회를 열었다. 이날 집회 사회는 이전과 달리 노동자들이 맡았으며, 토론에서도 노동자들이 적극 참여했다. 자유 토론을 거쳐 정권 규탄 및 호소를 결의한 시위대는 밤 11시 10분경 횃불을 들고 청천동 노동자 주거 지역으로 이동했다. 이날 야간 시위는 특히 격렬했다. 새벽 3시경 경찰이 시위대를 향해 무자비한 공격을 시작했다. 어느 시위 참가자는 제2의 광주를 보는 듯했다고 말했다. 경찰은 시위대를 찾으려고 노인에게 욕설을 퍼붓고 집 안방까지 들어와 직격탄을 쏴서 텔레비전 수상기가 폭발하는 일도 있었다. 이날 시위로 350여 명이 경찰에 연행되었다. 특히 경찰은 공단 지역 방어에 총력을 기울였는데, 이는 노동자들의 대거 참여에 대한 위기감 때문이었다.

26일에는 '부평을 해방구로!' 라는 구호와 더불어 격렬한 시위가 진행되었다. 이날 낮부터 경찰은 대회장인 부평역 주변 차량을 완전 통제하고, 전철역과 버스 정류장도 폐쇄해 집회 접근 자체를 차단했다. 하지만 이런 원천 봉쇄 속에서도 시민 · 노동자 · 학생 1만여 명이 부평역과 백마장 사이 부평로를 점거해 대

인민노련

1987년 6월 공식 출범한 인천 지역 노동자 정치 조직이다. 《노동자의 길》, 《사회주의자》 등 기관지를 내며 활동하다가 '노동계급', '삼민동맹' 등 좌파 정치 조직과 통합했다. 1991년에는 '한국사회주의노동당'(준)을 결성하고 민중당과 통합했다. 1992년 총선에서 지지를 확보하지 못하자 잔류 그룹은 진보정당 추진위원회 등으로 명맥을 이어가게 된다.

중 집회 및 시위를 전개했다. 7시 반경 부평로 시위대는 3천 명으로 늘었고, 이들은 다시 세 그룹으로 나뉘어 집회를 진행했다. 8시경이 되자 부평로 시위대 8천 명 중 두 번째 그룹의 대중 집회에서 '인천지역 민주노동자연맹(인민노련)'의 창립 보고 대회가 열렸다. 창립 선언문 낭독 후에는 1시간 이상 격렬한 시위가 전개되었다.

한편 9시 반경 백마장 입구에서는 경찰 저지선 밖에 있던 시위대가 부평로에 포위된 시위대를 구출하려고 경찰과 대치했으며, 10시 반에는 부평 공단 내 대우자동차, 한독시계, 동서식품 등의 노동자가 합세해 경찰을 제압하고 새벽 2시까지 격렬한 시위를 벌였다. 공단 일대 노동자들도 시위대에 다시 결합해 노동 3권 쟁취, 임금 인상, 잔업 철폐 등을 요구했다. 나도 '부평을 해방구로!'라는 구호를 악을 쓰며 외치고 다녔다. 이날 시위가 얼마나 격렬했던지, 부평 경찰서장이 시위대에게 전경을 때리지 말아달라고, 방패와 투구를 빼앗지 말아달라고 사정할 정도였다고 한다.

하지만 그해 6월, '호헌 철폐-독재 타도, 고문 없는 세상에서 살고 싶다, 살인 강간 정권 타도하자'라는 구호는 우리가 열망했던 것에 비해 허무하게 사라져버렸다. 인천의 6월은 이렇게 지나갔다. 우리는 거대한 거리의 인파 속에 묻혀버렸던 것이다.

2

# 두 번째 기억—대학생이 본 87년

## 84년 유화 국면

1987년 6월 29일 민정당 대표 노태우가 직선제 개헌을 수용한다는 6 · 29 선언을 발표했다. 하숙집에서 텔레비전을 보던 나와 친구는 말없이 서로의 얼굴을 물끄러미 쳐다보았다. 친구가 먼저 말문을 열었다.

"우리가 이긴 거냐?"

"글쎄. 왠지 믿기지 않기도 하고 잘 모르겠다."

"전두환이 물러나는 게 아니라, 노태우가 저걸 받아들이는 걸 어떻게 봐야 하는지……."

우리는 잠시 할 말을 잃었다. 식당에서 음식과 술을 공짜로 주는 등 온 나라가 들썩였지만, 시간이 흐르면서 우리는 정신을 차렸다. 오후 늦게 학교 주변 주점에서 6 · 29에 대한 토론이 벌어졌다. 직선제 쟁취에 의미를 두는 친구들도 있었지만, 대다수가 기만적이고 제한적인 조치라는 데 동의했다.

"그래도 6월 한 달 동안 거리에서 싸운 결과물 아냐? 군부 정권이 항복 선언을 한 거고. 제한적이지만 운동의 승리라고 봐."

"승리? 도대체 뭘 얻었는데? 우린 큰 희생을 감수해야 했지만 결국 공은 다시 민정당이랑 신민당에게 간 셈이잖아."

"맞아. 노동 기본권을 포함해서 아직 제대로 논의된 것조차 없는데 여기서 투쟁을 접는다는 건 말도 안 된다고 봐."

우리는 갑론을박을 벌이다 헤어졌다. 하지만 국민운동본부와 총학생회가 발표한 성명은 6 · 29 선언을 환영하고 승리를 자축하는 분위기 일색이었다. 87년 6월 거리를 선도한 집단은 누가 뭐라고 해도 대학생들이었다. 80년대 초반 많은 활동가들 그리고 평범한 학생들이 군부 파시즘의 폭력에 희생당했다. 어떤 이는 군대에서, 어떤 이는 도서관에 매달려 구호를 외치다 목숨을 잃었으며, 죄책감을 못 이겨 스스로 목숨을 끊는 일도 있었다. 그러고 보면 나는 '행운아' 일지도 모른다. 이렇게 승리라는 분위기를 느낄 수 있으니 말이다.

87년을 이끈 변화에 대한 이야기는 84년으로 거슬러 올라간다. 광주 민중항쟁 이후 감시와 통제로 억눌렸던 대학의 분위기는 84년 정권의 유화 조치로 한결 나아졌다. 예전에는 삼삼오오 모여 이야기 나누는 것조차 감시당하는 분위기였지만, 그해부터는 달랐다. 캠퍼스 안에서 모일 수 있다는 사실 자체가 학생들에

학도호국단
1949년 '대한민국 학도호국단 규정'에 따라 조직된 학생 단체이다. 이승만 정권의 정치적 동원에 활용되다가 4·19 직후 폐지되었으나, 1975년 유신 정권에 의해 부활되어 학생 통제 기구로 기능했다. 80년대에도 유지되다가 84년 유화 국면 이후 폐지되고 학생회로 대치되었다.

게는 흥분되는 사건이었다. 집회 시작 전이나 종료 후 학내에는 대자보가 붙었고, 우리는 그 주변에 모여 한참 동안 내용을 읽었다. 이런 상황을 흔히 '유화 국면', '유화 조치'라고 불렀는데, 선배들은 격세지감의 변화라고 말했다.

그러고 보면 내가 84년에 대학에 입학한 것은 행운이었다. 80년 이후 학도호국단으로 재편되었던 대학 자치 기구는 84년 혁명적인 변화의 기로에 섰다. 그해 각 대학에서는 '학원자율화추진위원회'(학자추)가 결성되기 시작했고 학자추를 중심으로 학생들이 모여들었다. 열린 공간에서 보는 선배 활동가의 모습은 사뭇 진지했는데 그들은 학우들의 지지를 얻기 위해 스스로 엄격한 도덕성과 성실성을 강제했다. 프로 야구 시청을 거부한다든지 커피나 콜라를 마시지 않는 것은 물론, 민중의 생활을 실천한다고 검소한 옷을 입는 등 이른바 운동권 스타일이란 것이 존재했다. 요즘 같으면 상상하기 힘든 자기 절제였다.

### 선배들의 기억—80년대 초반

신입생이던 84년 어느 날, 강의를 빼먹고 둘러앉은 술자리에서 복학한 81학번 선배가 80년대 초반의 무용담을 들려주었다.

"어느 날 강의 끝나고 다음 강의실로 이동하는데 어디서 많이 본 선배가 도서관에 대롱대롱 매달려 있는 거야. 같이 걸어가던 광주 민중항쟁 이후 활동가들은 고립된 광주에서 죽어간 원혼들에 대한 양심의 가책으로 시달렸다고 한다. 그리고 가책에서 벗어나는 유일한 길은 '감옥'에 가는 것이라고 생각했다.

선배한테 '저기 좀 보세요' 그랬지."

"그랬더니요?"

"선배 말이 시위하는 거래. 사복 경찰한테 잡혀가지 않으려고 높은 데 올라가서 시위하는 거라고 하더라고. 난 그때 그런 모습을 처음 봤거든."

"그런 일이 많았나요?"

"다반사였지. 어딘가에서 감시하는 사복 경찰의 눈을 피하려고 위험한 데 올라가 시위를 하다 끌려 내려와 구속되곤 했어."

"83년에는 도서관에 밧줄을 매달고 시위하다가 추락해서 돌아가신 선배도 있었어. 어처구니없는 일이었지. 선배들은 장례를 치르고 나서 반드시 복수하겠다고 다짐했어."

광주 민중항쟁 이후 활동가들은 고립된 광주에서 죽어간 원혼들에 대한 양심의 가책으로 시달렸다고 한다. 그리고 가책에서 벗어나는 유일한 길은 '감옥'에 가는 것이라고 생각했다. 그 즈음의 사건을 기록한 자료 가운데 다음과 같은 내용이 있다.

11월 8일에는 서울대 도서관 난간에서 시위를 주도하던 황정하 씨(도시공학과 80학번)가 떨어져 숨지는 사태가 발생했다. 그의 사인에 대해서는 '실족사다, 경찰이 밀었다'라는 등 여러 가지 설이 있지만 얼마 전 이수성 교수(서울대 형법학)는 그런 경우도 사실상 살인으로 봐야 한다는 해석을 발표한 일이 있다. 즉 접근하면 뛰어내리겠다고 하는데도 경찰이 접근해 시위자를 죽음으로 몰고 간 것도 살인으로 봐야한다는 것이다.*

## 대학 문화 혹은 운동 문화

몇 해 전 책방에서 우연히 《잊혀진 것들에 대한 기억》이라는 작은 책을 읽은 적이 있다. 80년대 대학 운동권의 문화와 일상을 인터뷰를 통해 기록한 책이다. 허름한 술집, 세미나 풍경 등을 묘사한 부분을 읽다 보니, 그 시절의 일들이 마치 어제 일처럼 생생하게 느껴졌다. 특히 1984년 처음 집회에 나갔을 때 가슴이 두근두근 뛰던 느낌을 아직도 잊을 수 없다. 신입생 시절, 나는 시대의 음울한 분위기에 빠져들 새도 없이 사회와 마주 서야 했다. '역사의 정 방향에 서라' 라는 선배의 말은 '비겁하지 마라' 라는 이야기로 들렸다. 2학년 때 어디선가 읽은 유시민의 '항소 이유서' 는 내가 겪고 있는 고민이 나만의 것이 아니라는 사실을 일깨워주었다. 그 글에서 가장 기억에 남는 것은 마지막 대목이다.

본 피고인이 지난 7년간 거쳐온 삶의 여정은 결코 특수한 예외가 아니라 이 시대의 모든 학생들이 공유하는 보편적 경험입니다. 본 피

---

* 신준영, 〈저 침묵의 바다에 거센 파도가 : 80년대 학생운동 야사(3)〉, 《월간 말》 1990년 4월호, 147~148쪽.

언더티
1980년대 초반에 비합법적인 형태로 전개되던 학생 운동 학습 및 실천 단위를 통칭한다. '패밀리 시스템'이라고도 불렸는데, 80년대 중반 이후 학생회가 활성화되고 정치적 분파가 생기면서 소멸되었다.

고인은 이 시대의 모든 양심과 함께하는 '민주주의에 대한 믿음'에 비추어, 정통성도 효율성도 갖지 못한 군사 독재 정권에 저항하여, 민주 제도의 회복을 요구하는 학생 운동이야말로 가위 눌린 민중의 혼을 흔들어 깨우는 새벽 종소리임을 확신하는 바입니다.

……

모순투성이이기 때문에 더욱더 내 나라를 사랑하는 본 피고인은, 불의가 횡행하는 시대라면 언제 어디서나 타당한 격언인 네크라소프의 시구로 이 보잘것없는 독백을 마치고자 합니다. "슬픔도 노여움도 없이 살아가는 자는 조국을 사랑하고 있지 않다."

'그래, 분노할 줄 아는 자만이 살아 있는 거야'라고 혼잣말을 하며 나는 대학 생활을 하고 있었다. 그러던 어느 날 광주 학살과 외채 문제 등에 대해 이런저런 얘기를 나누던 동문 선배가 문득 제안을 해왔다.

"네가 가진 고민을 같이 토론하는 모임에 들어오지 않을래? 여럿이 같이 이야기하면 좀 더 나은 답이 나오지 않을까?"

나중에 알았지만 선배의 제안은 일종의 '프락션fraction' 가입 권유였다. 84년 직후 비공개적으로 운영되던 비합법 서클은 동문 선후배 등을 통해 성원을 맞아들였다. 나는 혼자서 하던 고민을 체계적으로 풀어갈 공간이 반가웠고 이때부터 85년까지 언더 서클 활동을 했다. 처음 나간 모임에서 언더티 선배가 해준 말은 아직도 기억에 남는다.

“반드시 지켜야 할 사항이 몇 가지 있어요. 첫째, 세미나에 빠지지 말 것, 둘째, 세미나 교재를 반드시 읽고 올 것, 마지막으로, 학내에서 같은 팀 성원을 만나도 아는 체하지 말 것. 이상입니다.”

팀 세미나는 대부분 허름한 중국집에서 했다. 우리는 짬뽕 국물과 소주를 시켜 술자리인 것처럼 모임의 ‘이빨을 맞추고’ 세미나를 진행했다. 시간이 너무 많이 흘러 기억조차 가물가물하지만 우리가 읽은 교재는 《해방전후사의 인식》, 《전환시대의 논리》, 《민중과 지식인》 등이었다.

세미나와 더불어 기억에 남는 것은 선술집에서 마시던 한 잔의 술이다. 낡은 통나무와 판자로 맞춘 책상들로 둘러싸인 술집에서 우린 인간과 사회에 대한 이야기를 나누었다. 나는 이런 것이 대학의 낭만이라고 생각했다. 맥줏집이나 커피숍에 앉아서 투쟁을 논하는 것은 어울리지 않아 보였다. 하지만 투사가 되는 것과 그것을 주변 사람들과 공유하는 것은 아주 다른 문제였다. 내가 그 당시 제일 좌절했던 것은 과 친구들의 개인주의였다. 85년 5월, 과에서 대성리로 엠티를 갔다. 투쟁이 한창인 시기였지만 친구들은 무슨 일이 벌어지고 있는지 큰 관심이 없었다. 심각한 이야기를 하려고 하면, 화제를 돌리고 싶어 했다. 심지어 5 · 18을 앞둔 엄중한 정세에 엠프를 가져와서 댄스 타임을 열었다. 나는 한바탕 놀아보자는 친구들을 막을 수도 그럴 힘도 없었다. 다음날 기

《해방전후사의 인식》

한국 현대사에서 결정적이고 중요한 시기인 해방 전후의 시기를 다룬 책으로, 다양한 분야의 여러 필진이 해방에서 분단으로 이어지는 당시의 주요 사건과 인물을 추적했다. 계엄령 아래에서는 판금 조치를 당하는 탄압을 받으면서도, 1979년 첫 권 출간 이후 리영희의 《전환시대의 논리》, 한완상의 《민중과 지식인》 등과 더불어 지식인과 대학생들 사이에서 폭넓게 읽히며 그들의 의식화를 촉진했다.

차를 타고 서울로 돌아오는데 친구들을 '빼앗겼다'는 느낌이 들었다. 하지만 나는 포기하지 않았다. 그럴수록 더 친구들에게 공동체 의식을 불어넣어야 할 필요성을 느꼈기 때문이다.

84년 겨울, 나는 같은 팀 동료들과 언더티 합숙을 떠났다. 우리는 한 해 동안 학습한 내용을 정리하고, 다음해 정세에 대해서도 돌아가며 의견을 나누었다. 민중에 대한 애정, 사회 정의, 민주주의에 대한 헌신 등 많은 말들이 나왔다. 가만히 듣던 선배가 질문을 던졌다.

"민중에 대한 사랑, 헌신, 애정만으로 운동이 가능할까? 우리는 민중을 동정하거나 불쌍하게 여겨서 운동과 학습을 하려는 것일까? 그것으로 운동이 계속 유지될 수 있을까?"

"무엇보다 중요한 것은 역사의 합법칙성에 대한 과학적 인식이야. 역사는 필연적으로 진보하며 그 과정에서 필연적인 주체가 존재한다는 것, 이게 오늘 너희들에게 남겨진 숙제야."

나는 그 다음 주부터 일본어를 배우고 일본어로 된 역사적 유물론 책을 읽기 시작했다. 새로이 눈이 트이는 것 같았다. 85년 봄 시위에서 나는 처음 구류를 경험했다. 이 사실이 가정 통신문으로 전달되자 집안이 시끄러워졌다. 이즈음부터 가족과 나는 늘 전쟁을 치렀다. 나는 아버지 세대와 혁명적으로 단절함으로써 새로운 공동체를 만들고 싶었다. 그해 여름이 오기 전, 나는 가두시위에 참여했다가 구속되었다. 아버지가 면회를 오셨다.

"건강은 괜찮냐?"

"네."

"세상은 너희가 원하는 대로만 움직이지 않는다. 네 엄마 생각을 해서라도 조금만 자중해라."

"……."

"다시 오마."

돌아서 가는 아버지의 뒷모습을 보며, 스무 살의 나는 표현하기 어려운 복잡한 감정을 느꼈다. 왠지 모를 연민과 분노 등이 뒤섞여 마음을 아프게 했다. 진실로 아버지는 이해하기 어려운 존재였을까?

### 팀 해체 그리고 자민투와 민민투

85년, 내가 몸담고 있던 팀이 해체되고 우리는 정파의 조직원이 되었다. 선배들은 팀 해체가 운동의 발전이며, 이제 모두 직업적 혁명가를 지향해야 한다고 말했다. '직업적' 이라는 낯선 단어를 들으니 왠지 모를 설렘과 공중에 뜬 듯한 느낌을 지울 수가 없었다.

그해 4월 17일 고려대에서 23개 대학 2천여 명의 학생들이 모인 가운데 전국학생총연합(전학련)이 발족했다. 전학련은 전국을 4개 지역으로 나눈 지역별 학생 연합과 서울을 4개 지구로 나눈 지구별 평의회를 구성하는 등 연대의 틀을 갖춰나갔다. 그리고

개헌 투쟁
1986년 3월부터 개헌 추진위원회 시도 지부 결성 대회가 전국 곳곳에서 연이어 열렸으며, 신민당 개헌서명운동본부 현판식에서 발표되는 주장은 점차 직선제 요구를 넘어 정권 퇴진, 신헌법 제정 요구 등으로 확산되었다. 이 시기에 개헌과 관련해 전개된 다양한 흐름의 투쟁을 통틀어 개헌 투쟁이라고 부른다.

재야
1960년대 이후 제도 정치권 밖에서 정치 활동을 전개한 정치세력을 재야라고 통칭한다. 특히 80년대 후반 민중 운동이 본격화되기 전에 명망가 지식인, 정치인, 종교인 등이 중심이 되었던 민주화 운동 세력을 흔히 재야라고 부른다.

산하에 '민족통일 민주쟁취 민중해방을 위한 투쟁위원회(삼민투)'를 설치했다. 경찰과 언론이 85년 미국 문화원 점거 사건의 배후에 삼민투가 있다고 주장하면서 삼민투는 세상에 알려지게 되었다.

1985년 미국 문화원 점거 사건으로 구속된 학생 가족들의 농성 ⓒ 박용수

이듬해인 86년은 개헌 투쟁의 해였다. 신민당은 직선제 개헌을 위한 개헌 현판식을 잇달아 열었고, 학생운동도 이에 적극적으로 결합했다. 하지만 우리는 당시만 해도 직선제를 전면에 내걸지 않았다. 오히려 86년은 제헌 의회, 반제국주의 등 가장 급진적인 요구가 활성화된 때였다. 현판식에 결합했던 목표도 민정당과 재야 사이에서 동요하는 야당을 비판하기 위해서였다. 그리고 그 한가운데에 5 · 3 인천 항쟁이 있었다. 그날 나는 해방구를 보았다. 거리는 '군부 독재 타도', '광주 학살 배후 조종 미제 축출' 등 각종 구호로 물들었다. 하지만 결과적으로 그날 해방구는 우리들만의 것이었고, 우리는 곧 대중으로부터 '고립' 되었다. 훗날 나는 일본 전공투가 도쿄대 야스다 강당에 남긴 낙서를 떠올렸다. "연대를 구해 고립을 두려워하지 않고 힘 미치지 못해 쓰러지는 것을 개의치 않지만 힘 다하지 않고 꺾이는 것을 거부한다."

당시 신문을 찾아보니 5 · 3 인천 항쟁 때 50여 종의 유인물이 뿌려졌다고 한다. 당초 민통련은 폭력 투쟁을 할 계획은 없었고

전공투
일본의 학생 운동 조직인 '전학공투회의' 의 줄임말. 1960년대 일본에서 미국 주도의 냉전 체제에 가담하는 미일 상호방위조약 개정을 반대하는 '안보 투쟁' 시기에 전투적인 정치 투쟁을 주도한 학생 운동의 흐름을 총칭한다. 1968년에 도쿄대 야스다 강당을 점거하는 등 절정을 이루었다.

헌법제정민중회의
개헌 투쟁 당시 제도 야당에 의한 헌법 개정을 거부하고 인민의 자발적 참여에 기초한 헌법 제정 기구 창설을 주장한 그룹의 요구를 가리킨다.

신민당이 개헌 투쟁에 확답을 할 때까지 농성할 생각이었다고 한다. 하지만 인천은 그날 '불바다' 가 되고 말았다. 오후 1시경 인천 시민회관 앞 네 방향의 도로를 완전히 장악한 시위대는 군부독재 타도를 외치는 노동자, 학생으로 가득 찼다. 75개 중대를 투입한 정권과 시위대의 격돌은 마치 '전쟁터' 를 방불케 했다.

당시 나는 민민투라는 조직에 속해 있었다. 선배들은 5 · 3을 즈음해 전 국민적 무장 봉기가 일어날 것이라며, 노동 운동의 동맹 파업에 발맞춰 학생 운동도 당장 수업 거부를 해야 한다고 말했다. 선배들은 헌법제정민중회의 수립을 5 · 3 투쟁의 첫 번째 슬로건으로 내걸었고, 5월 3일 이후 수도권에 위수령이 내려질 것에 대비했다. 하지만 이처럼 극단적인 판단과 정세 인식은 대중의 정서와는 한참 거리가 먼 것이었다. 대학생들도 헌법제정민중회의가 무엇인지 알지 못했다. 일각에서는 대중이 헌법제정민중회의를 이해하려면 책 한 권은 읽어야 하니, 학생 운동과 일반 학생 사이에는 책 한 권의 차이가 있다고 비아냥대기도 했다. 하지만 우리는 그 차이를 인식하지 못했다.

문제는 학생 운동 내부에도 존재했다. 자민투와 민민투는 여러 사안에서 충돌을 거듭했다. 86년 3~4월에 둘은 대립을 극복하기 위한 공동 투쟁을 시도했지만, 5월에 두 개의 투쟁위원회가 각각 발족하면서 문제가 더 심각해졌다. 집회 현장에서 두 세력 간에 싸움이 일어날 뻔한 적도 있었다. 대중은 이 광경을 다

자민투와 민민투

자민투(반미자주화반파쇼민주화투쟁위원회)는 1986년 6월에, 민민투(반제반파쇼 민족민주 투쟁위원회)는 같은 해 3월에 결성된 학생 운동 조직으로, 이후 민족해방론(NL론)과 제헌의회론(CA론)으로 학생 운동을 양분한다.

품성론

80년대 품성론과 그 혁명 노선인 반제민중민주주의론은 "미국에 대해 불타는 적개심을 갖지 않는 사람은 운동할 생각을 하지 말라"라는 구절로 큰 파문을 일으켰다. 어떤 이는 적개심만으로 운동이 되느냐고 빈정댔고 일부에서는 품성론을 괴물처럼 취급하기도 했다.

목격했고 집회와 투쟁에 참여하는 사람들 수는 줄어갔다.

이처럼 학생 운동 내부의 반목과 대립이 심하던 즈음 '품성론'을 주장하는 '강철서신' 이라고 불리는 문건이 돌아다녔다. 후일 민족해방론(NL론)을 대표하는 입장이 된 이 문건이 학생 운동에 미친 파장은 상상을 초월했다. 다음은 당시 품성론이 미친 영향을 기록한 글이다.

> 이 무렵 운동권에는 품성론이라는 팸플릿이 나돌아 많은 사람들에게 충격을 주었다. 이 글은 운동가가 가져야 할 품성으로 솔직함, 소박, 겸허를 들고 동지애와 승리에 대한 낙관주의를 강조했다……민민투 쪽의 입장을 가지고 학생 운동을 하던 사람들도 품성론에 대해서만은 공감하는 경우가 많았다고 한다. 민민투 지도부가 대중의 상황과 유리된 투쟁 방침을 하부에 강요하는 권위주의적인 모습 속에서 조직은 안으로 곪아 들어가고 있던 것이 당시의 상황이었다. 즉 상부의 명령에 복종하는 것이 올바른 조직 생활의 태도라고 자기 자신을 강제하면서도 그 명령이 올바른 지도 방침이라 믿을 수 없었던 학생 운동가들의 내적 고민은 깊어갔다. 자연히 동료들 간의 관계도 일만을 같이 하는 기계적인 것으로 될 수밖에 없었고 조직 활동은 이들의 인간성을 형해화形骸化시켜갔다고도 할 수 있다. 이때 던져진 "당신은 동지를 사랑하는가?"라는 질문이 이들의 가슴에 엄청난 충격으로 다가온 것은 당연한 일이다.*

건대 항쟁
1986년 10월 건국대에서 열린 전국 반외세 반독재 애국학생 투쟁연합 결성식에 공권력이 투입되어, 학내에 고립된 학생들이 농성을 하며 전개했던 투쟁을 가리킨다.

김세진, 이재호 열사
1986년 4월 28일 서울대 학생 김세진과 이재호는 관악구 신림 사거리에서 "반전 반핵, 양키 고 홈, 전방 입소 거부, 미국의 한반도 지배 거부"를 외치며 분신해 사망했다. 두 사람의 죽음은 반미 투쟁을 확산시켰다.

건국대 교정에 있는 10 · 28 건대 항쟁 기림상

연이어 86년 10월에 일어난 건대 항쟁은 학생 운동에 큰 타격을 주었다. 10 · 28 애학투련(전국 반외세 반독재 애국학생 투쟁연합) 결성식을 계기로 정부는 건국대 사태를 일으켜 모두 1,274명의 학생을 구속했다. 검찰은 건국대에서 농성했던 학생들을 공산 혁명 분자로 규정하고, 1학년생까지 구속했다.

건대 항쟁의 결과는 참혹했다. 학생 운동의 조직 역량과 대중 기반이 대거 파괴되었다. 어느 대학에서는 50명 넘게 구속되어 학생회 선거에 출마할 사람이 없을 정도였다. 86년은 휴학생이 가장 많았던 해이기도 하다. 특히 김세진, 이재호 열사가 죽어간 서울대 앞 술집에는 노랫소리가 사라졌고 술을 먹으며 흐느끼는 사람들이 늘어갔다. 학교가 무서워 나오기 싫다는 사람이 있을 정도로 대학 생활에 대한 학생들의 고뇌와 염증은 깊어만 갔다.

## 박종철, 1987년 초반

87년 겨울, "탁 치니 억 하고 죽더라"라는 어처구니없는 수사 발표로 박종철 군의 죽음이 세상에 알려졌지만 학내에는 찬바람만 불었다. 86년 5 · 3 인천 항쟁과 건대 항쟁으로 조직에 심각한 타

* 신준영, 〈민민투와 자민투 : 80년대 학생운동 야사(6)〉, 《월간 말》 1990년 7월호, 180~181쪽.

격을 입은 학생 운동 지도부는 대중과의 괴리를 반성하고, 학회 활성화라든지 운동의 대중성 강화 등에 주력하면서 대규모 선도 투쟁을 자제하려는 움직임이 강했다.

일각에서는 이런 상황에 대해 '총학생회는 이불 속에서 투쟁을 외치는가?' 라고 비아냥대기도 했으며, 6 · 10 이전 시위는 대부분 공권력의 성공적인 진압으로 끝났다. 하지만 돌이켜보면, 이러한 거리 투쟁 자제 움직임은 전두환 정권으로 하여금 반대 세력의 힘이 약화되었다고 '오판' 하게 만든, 의도하지 않은 결과를 낳기도 했다.

2월 7일 열린 고문치사 규탄 집회는 참여한 시민 수는 많지 않았지만 가능성을 엿볼 수 있는 사건이었다. 그 가능성이란 바로 남대문시장 앞에서의 '정치 집회' 였다. 그 전에 집회에서 볼 수 없었던 영세 상인, 점원, 짐꾼 등 다양한 계층이 어울려 저녁 6시 반까지 농성을 같이 했다. 나는 그 모습을 보며 '시민들이 좀 더 많이 모이면 얼마나 좋을까' 생각했지만 큰 기대는 하지 않았다.

5월 23일, 종로 가두 투쟁 때도 시민들의 호응이 눈에 띄었다. 시민들은 시위대에 참여하진 않았지만 그들의 웅성거림을 우리는 들을 수 있었다.

"경찰이 대학생을 때려서 죽였다네."

"80년 광주 사태 때 전두환이 사람을 그렇게 많이 죽였대."

나는 까닭을 알 수 없는 자신감과 함께 뭔가 이루어질 수도 있겠다는 흥분에 휩싸였다. 운명의 87년 6월이 다가오고 있었다.

6월 10일, 아침에 학교로 갔다. 학교는 조용한 듯했지만 무언가 흥분된 모습이었다. 학생회에서는 며칠 전부터 오늘을 준비해왔다. 간부들의 삭발, 단식, 혈서 등이 비장함을 더했다. 하지만 올 봄 두 번의 투쟁이 공권력의 벽에 막혀 수포로 돌아갔기에 솔직히 큰 기대를 걸지는 않았다.

저녁 6시가 되어 후배들과 삼삼오오 모여 신세계 앞으로 나갔다. 거리에 학생들이 옹기종기 모이기 시작했을 때만 해도 시민들은 주변에서 구경만 하며 주춤거렸다. 우리는 속으로 '아, 또 실패구나' 생각했다. '전경의 산' 이 우리를 둘러싼 것 같았다. 그런데 어느 순간부터 시민들이 우리 옆으로, 시위대 주변으로 다가오고 있었다. 그들이 움직이기 시작한 것이다. 다음은 당시 국민운동본부가 거리에서 나눠 준 '국민 추도회 참가 요령' 이다.

• 모든 국민은 태극기나 손수건을 흔들면서 집결 장소에 모입시다.
• 오후 6시 국기 해기식과 동시에 애국가를 제창하며 전국의 교회와 사찰은 타종하고 모든 차량은 경적을 울립시다.
• 서울의 경우

마포구 · 강서구 · 주민은 광화문으로

도봉구 · 성북구 · 동대문구 · 성동구 · 강동구 주민은 동대문으로

용산구 · 동작구 · 관악구 주민은 시청으로

1987년 6월의 거리(6월민주항쟁계승사업회)

저녁 6시가 되어 후배들과 삼삼오오 모여 신세계 앞으로 나갔다. 거리에 학생들이 옹기종기 모이기 시작했을 때만 해도 시민들은 주변에서 구경만 하며 주춤거렸다. 우리는 속으로 '아, 또 실패구나' 생각했다. '전경의 산'이 우리를 둘러싼 것 같았다. 그런데 어느 순간부터 시민들이 우리 옆으로, 시위대 주변으로 다가오고 있었다. 그들이 움직이기 시작한 것이다.

은평구 · 서대문구 · 종로구 주민은 안국동으로
중구 · 강남구 주민은 신세계 앞으로
영등포구 · 구로구 주민은 영등포시장으로 집결합시다.

• 파고다 공원에 도착하면 "호헌 철폐, 독재 퇴진"을 외치고 만세 삼창을 합시다.

6월 거리를 수놓은 구호는 소박했다. '민주 헌법 쟁취하여 민주 정부 수립하자', '더 이상 못 속겠다, 거짓 정권 물러가라', '동장에서 대통령까지 내 손으로'……. 시위에 참여하는 방식도 다양했다. 차량 경적 시위에서 태극기와 손수건 흔들기, 벽지 대자보, 스프레이 구호 낙서, 버스 승객 유인물 나누어 주기, 구호 외치기, 호각 불기 등이 곳곳에서 이루어졌다.

그날 밤 우리는 술집에서 서로의 생사를 확인하며 기쁨의 술잔을 돌렸다. 선배들은 "이 정도일 줄은 몰랐다", "우리가 이긴 거야"라며 너스레를 떨었다. 하지만 내 마음 한구석에는 '내일도 이렇게 많은 시민들이 호응해줄까'라는 의문이 자리하고 있었다. 나는 오늘은 우연이었다고 생각했다. 그때 늦게 도착한 후배의 목소리가 귀에 들어왔다.

"명동 성당에 큰 농성단이 만들어질 것 같아요. 투쟁의 구심이 생기면 오늘로 투쟁이 끝나진 않겠죠?"

3

# 세 번째 기억
# —부산 배달 노동자가 본 87년

## 87년 6월 부산의 기억

어느 봄날 나는 우연히 '부산 가톨릭 센터' 앞을 지나게 되었다. 10여 년 만에 부산을 찾은 길이었다. 1997년 IMF 위기로 다니던 회사가 문을 닫자 선배와 의기투합해 서울에서 작은 식당을 시작한 지 벌써 10년이 넘었다. 고향은 아니지만 십 대에서 이십 대에 이르는 내 청춘이 고스란히 담긴 부산에 거의 10년 만에 다시 온 것이다.

사실 가톨릭 센터에 대한 기억을 한동안 잊고 살았다. 먹고살기 바쁘기도 했고, 87년 당시 야당이었던 정치인들이 정권을 잡은 후에도 하는 짓이 마땅치 않아 실망을 많이 한 때문이기도 했다. 2002년 대통령 선거에서 노무현 후보가 당선되던 날 저녁 나는 술값을 받지 않았다. 87년 거리에서 유인물을 나르고 구호를 외치고 집회에서 연설하던 젊은 노무현을 기억하고 가슴이 뛰었다. '아, 87년에 못다 이룬 꿈이 이제 이루어지는구나.' 그러나 기대가 너무 컸는지 '저 노무현이 그때 노무현인가……' 실망하고 말았다.

내가 부산에 처음 온 것은 1978년이다. 고향에서 먹고살기가 막막해 온 가족이 부산으로 올라왔지만, 상황이 안 좋은 건 부산도 마찬가지였다. 상고를 다니다 2학년 때 학교를 그만두고 생활전선에 뛰어들었다. 식당 서빙, 공사판 일, 구두닦이, 중국집 배달 등 닥치는 대로 뭐든지 했다. 잠시 생각에 잠겨 있노라니 아내가 묻는다.

"무슨 생각을 그렇게 골똘히 해?"

"응, 옛날에 철가방 들고 배달할 적 생각이 나서."

"87년인가 88년인가 당신 스무 살 때?"

"응, 그때가 갑자기 생각이 나서."

아내에게 이야기하지 않았지만 87년 6월 나는 저 건물 안에 있었다. 그해 내가 겪은 부산의 6월은 엄청난 에너지로 가득 차 있었다. 서면에 운집했던 30만 군중과 대청동, 충무동, 남포동을 휘저으며 돌아다니던 시위대 등 6월 한 달 동안 시위가 가장 격렬했던 도시가 부산이다.

87년 6월 10일 저녁, 나는 일을 끝내고 동네 친구들과 술 한잔 하러 자갈치 시장으로 가고 있었다. 그런데 시내와 시장 주변에 전경과 경찰이 개미 떼처럼 몰려 있었다. 시위가 있다는 이야기

**민주 부산**

1987년 부산에서는 '민주 부산', '민주 회보', '절규' 등의 제목을 단 유인물이 배포되었다. 이 유인물들은 시민들의 투쟁을 고양하고 부상자 명단과 피해 정도, 입원 병원 등을 상세하게 안내해 가족에게 도움을 주었다. 그중 '민주 부산'이 가장 돋보였는데, 거의 매일 속보로 만들면서 발행 부수가 7만 부를 넘었다. 운송은 주로 김광일, 노무현 변호사의 차를 이용했고 택시 기사들이 도와주기도 했다.

---

는 들었지만, 흘려들은 탓에 무슨 일인지 알지 못하는 상태였다. 6시쯤 시장 주변에 도착했는데, 학생들을 중심으로 엄청난 인파가 몰려들었다. 나중에 들으니 1천 명이 넘었다고 한다. 군중은 입을 모아 "애국 시민 단결하여 사기 정권 몰아내자"는 구호를 외쳤다. 우리는 무섭다는 생각도 들었지만, 대오 안으로 들어가게 되었다.

1987년 6월 17일 부산역 시민 토론회(부산지역 6월항쟁 사진집)

얼마 지나지 않아 전경들이 최루탄을 쏘면서 시위대를 몰아붙이기 시작했다. 최루탄이 가슴에서 터져 온몸이 피투성이가 된 고교생, 머리에 직격탄을 맞고 기절한 사람, 파편 조각 때문에 코뼈가 가라앉은 아주머니 등 부상자가 속출했다. 흥분한 시민들이 항의했지만, 경찰은 아랑곳하지 않고 사람들을 마구 잡아갔다. 진압 양상이 처음부터 너무 거칠었다. 나는 어안이 벙벙해져서 시위대와 함께 이곳저곳을 다니다 '민주 부산'이라는 종잇조각을 집어 들었다.

7시가 되자 한 무리의 시위대가 부산역으로 모여들기 시작했다. 이들은 대오를 정비해 서면 쪽으로 움직이면서, 보도블록을 깨 KBS 건물에 돌을 던지기 시작했다. '왜 방송국에 돌을 던지지?' 처음에는 어리둥절했지만, 왜곡 보도를 비난하는 시위대의

87년 6월 부산에서 열린 거리의 연좌 농성(부산지역 6월항쟁 사진집)

외침을 듣고 이해가 되었다. 매일 밤 9시면 텔레비전에 얼굴을 내밀던 전두환의 '땡전 뉴스'를 보며 나도 울화통이 터질 때가 한두 번이 아니었기 때문이다.

8시 반쯤 자갈치 시장, 충무동 로터리, 보수동 로터리 등에서 연좌시위를 하다 경찰에 쫓겨 온 시민들은 각 곳에서 한바탕 최루탄 세례를 맞아 분노가 극에 달해 있었다. 내 옆에 있던 백발이 성성한 할아버지는 손수건으로 입과 코를 막으며 울분을 삭이지 못했다.

"세상에, 일정 때도 사람들을 이렇게 두들겨 패지는 않았는데. 내 세금으로 먹고 싸는 놈들이 최루탄을 쏴대서 아들이랑 가시

나들까지 피를 흘리고 난장판이네."

8시 50분경, 시위대 안에서 시내 각 곳이 전쟁터라는 이야기가 들려왔다. 친구들과 나는 귀를 쫑긋 세웠다. 학생들로 보이는 그들의 말에 따르면, 부산역 앞에서 시위대 1천여 명과 전경이 대치하다 화염병으로 파출소 한 곳을 완전히 불태워버렸고, 민정당 당사에도 화염병을 던졌으며, 지금은 KBS 앞에서 돌을 던지며 시위 중이라고 했다.

그날 시위는 11시까지 이어졌다. 밤이 되자 시위대는 경찰의 작전 망을 흩트리는 산발적 시위를 아주 기술적으로 전개했다. 경찰과 추격전을 벌이면서도 맨 앞에는 지휘자가, 그 다음에는 태극기를 치켜든 사람이, 또 그 다음에는 스크럼을 짠 십여 명의 학생 선봉대가 서서 노래를 부르며 흩어졌던 시위대를 모아가면서 시위를 거듭했다. 나중에 가톨릭 센터 농성 때 들으니, 그것이 도심에서 거리 시위를 할 때 중요한 기동성 있는 전술이라고 했다.

그날 온갖 유인물이 시내를 뒤덮었는데, 사람들이 직접 나누어주기도 했지만 버스를 이용하는 경우가 많았다. 누군가가 버스 공기통에 유인물을 두고 내리면, 버스가 다시 떠나는 순간 도로 사방으로 종이가 뿌려졌다. 경찰은 이것을 수거하느라 온갖 법석을 떨었다.

## 부산 가톨릭 센터—제2의 거점

며칠이 지난 6월 16일, 87년 6월의 내 기억을 만들어준 우연한 만남이 이루어졌다. 그날도 나는 시위대가 모인 대청동 사거리를 어슬렁거리다가 대열에 합류했다. 6시경 5천 명쯤 되는 시위대는 구호를 외치고 노래를 부르며 남포동 주변으로 진출해, 충무동 방향에서 들어온 대오와 합류했다. 16일 밤에 남포동과 대청동, 충무동 일대는 흡사 축제가 벌어진 것 같았다. 학생들은 "해방구다"라고 외쳤고 박수와 만세, 환호 소리가 그치지 않았다. 시위대는 MBC 방송국으로 향하다 백골단에 밀려 흩어졌고, 나도 도망치다 정신을 차리고 보니 영선 고개를 넘어 가톨릭 센터 부근이었다.

17일 새벽 시위대는 다시 대오를 갖춰 근처 공사장에서 가져온 철근, 벽돌, 시멘트 포대 등으로 국제시장 신호대 앞에 바리케이드를 설치하고 반격에 나섰다. 시위대 맨 앞에 있던 시민들이 경찰 기동대 버스를 불태우고 승용차 1대를 부수는 모습이 보였다. 조금 후에 경찰이 가톨릭 센터 부근으로 몰려와 최루탄을 난사했고 시위대는 투석으로 맞섰다. 나도 겁이 났지만 뒤에서 돌을 깨며 도왔다. 전경과 대치하는 시간이 길어지자 학생들은 대학별로, 시민들은 곳곳에 흩어져 불을 지피기 시작했다. 얼마 뒤, 시위대를 이끌던 분이 가톨릭 센터 측과 협상이 잘 되어 비상시에

> 센터 안에 모인 시민과 학생들은 농성 지속 여부를 놓고 긴 토론을 벌였다. 일부는 경찰의 진압을 두려워해 철수를 주장했지만, 센터를 사수해서 서울 명동 성당 농성에 이은 제2의 투쟁 중심지로 만들자는 의견이 다수였다.

---

는 센터 안으로 들어와도 좋다는 승낙을 받았다고 알려주었다. 이에 힘을 얻은 시위대는 다시 화염병과 돌을 던지며 맞서다 센터 안으로 들어가 문을 잠갔다. 나도 엉겁결에 시위대를 따라 들어갔다. 바로 이때부터 부산 가톨릭 센터 농성이 시작된 것이다.

센터 안에 모인 시민과 학생들은 농성 지속 여부를 놓고 긴 토론을 벌였다. 갑작스럽게 센터 안으로 들어오게 된 사람들은 저마다 의견이 달랐다. 일부는 경찰의 진압을 두려워해 철수를 주장했지만, 센터를 사수해서 서울 명동 성당 농성에 이은 제2의 투쟁 중심지로 만들자는 의견이 다수였다.

"언제 전경들이 밀고 들어올지 모르는 상태에서 무모하게 농성을 하는 것은 위험합니다. 여기는 명동 성당이 아닙니다."

"15일 명동 성당 농성이 해산된 후 전국적인 투쟁이 하강 곡선을 타고 있습니다. 부산에서 제2의 투쟁의 근거지를 만들어야 합니다."

무엇보다 급한 일은 센터에 집결한 학생과 시민들에게 농성 투쟁의 의미를 인식시키고 역할 분담과 통제를 위한 원칙을 세우는 일이었다. 새벽 2시경 농성을 결의한 사람들 사이에서 합의된 사항은 다음과 같았다.

1. 지도부의 통제에 따른다
2. 가톨릭 센터 내 기물 파손 금지

부산 가톨릭 센터 시위대(부산지역 6월항쟁 사진집)

3. 군부 독재와 끝까지 투쟁한다

4. 유언비어에 현혹되지 말 것

농성 첫날, 전체 농성단을 3개 조로 나누어 교대로 농성을 하기로 결정했다. 기억이 가물가물하지만 그때 같이 참여한 시민들의 직업을 살펴보면 회사원이 7명, 무직자가 1명, 타지 학생과 재수생 9명 그리고 상업 2명, 농업 1명이었다. 시민들은 대부분 나처럼 엉겁결에 시위에 참여했다가 센터에 들어오게 된 사람들이었다. 한 회사원 아저씨는 "시내 나갔다가 하도 열이 받아서 여기까지 들어왔는데, 아이 엄마가 걱정하지 않나 모르겠네"라며 애써 불안한 마음을 감추려고 했다.

17일 아침이 되어도 경찰은 주변에서 물러가지 않고 다시 최루탄을 쏘아대기 시작했다. 농성대는 돌을 던지며 맞섰지만 저지선이 돌파되어 아침 8시쯤 센터 안으로 다시 피신해야 했다. 이 과정에서 농성대가 흩어져 200여 명만 남게 되었다. 이때까지만 해도 농성이 7일간 이어질 줄은 알지 못했다.

11시 반이 넘자 경찰이 안전 귀가를 보장하겠다며 해산을 요구했다. 농성 지도부의 말에 따르면 경찰 측도 부산 가톨릭 센터로 시위대가 집결하는 것이 다른 항쟁의 구심을 만들지 않을까 적지 않게 우려하는 것 같다고 했다. 농성대는 해산 요구를 무시하고 장기 농성을 위해 조직을 다시 편성했다.

당시 외신들도 부산 가톨릭 센터 농성을 가장 비중 있게 다루었다. 그때 농성 지도부가 읽어준 기사 내용을 어렴풋하게나마 기억해보면, AP 통신에서는 부산 시위의 특징을 다음과 같이 정리했다. 첫째, 한번 시작하면 동이 틀 때까지 논스톱 시위가 진행된다. 둘째, 시민들의 호기심과 자부심이 대단하다. 부산 시민들은 위험한 시위 현장에 어린이들을 데리고 나와 구경을 할 정도로 극성이다. 셋째, 부산 시민들은 직접적이고 행동적이다. 고층 건물에서 구경을 하다가도 흥분하면 경찰관을 향해 마구 물건을 던지는 등 대학생들보다 더 격렬하다.

갑작스러운 농성으로 우리는 먹을 것도 마실 것도 아무것도 없는 상태였다. 17일부터 수녀들이 손수 만든 도시락을 보내주었고 시민들의 자발적 성금이 늘어갔다. 저녁 6시에는 신부님이 찾아와 우리를 격려했다. 농성이 언론의 초미의 관심사이니 신중하게 행동해달라는 당부와 함께 지도부의 통제를 따르고 비폭력 구호와 노래로 농성대의 입장을 알리라고 권고했다. 신부님으로서 당연한 말이었지만, 최루탄과 폭력을 사용하는 전투 경찰과 대치하고 있는 우리들에게는 그다지 현실적으로 들리지 않나는 이때쯤 '언제 도망갈까' 라는 생각이 머리 한구석에서 맴돌기 시작했지만, 일부 농성대원들은 사생결단의 각오로 미리 유서를 작성하기도 하고, 옥상에 올라가 태극기를 내걸기도 했다.

았다.

18일, 농성 두 번째 날 아침부터 퍼진 소문 때문에 농성단 사이에는 미묘한 긴장감이 흘렀다. 한 시민이 새벽에 부산 상공에서 군용 헬기와 정찰기를 보았다는 것이다.

"새벽에 헬기가 다니더래. 광주처럼 공수부대가 온 거 아닌지 몰라."

"설마. 근데 그새 없어진 사람들도 있는 것 같아. 어제 그 안경 쓴 아저씨도 안 보이네."

그 즈음 부산 국본으로 군 출동을 예고하는 전화가 걸려왔다고 한다.

"거기가……국민운동본부요?"

"맞습니다. 실례지만 어디십니까?"

"지금 부산 주변으로 군이 이동하고 있어요. 몸조심하세요."

"여보세요, 여보세요. 죄송하지만 어디십니까?"

몇 마디로 끝난 이 통화는 국본 간부들에게 불안감을 안겨주었다. 이미 시내에는 군 투입설, 공수부대 진입설 등 각종 유언비어가 떠돌고 있었다.

나는 이때쯤 '언제 도망갈까' 라는 생각이 머리 한구석에서 맴돌기 시작했지만, 일부 농성대원들은 사생결단의 각오로 미리 유서를 작성하기도 하고, 옥상에 올라가 태극기를 내걸기도 했다. 또 공수부대가 들어오면 최후에 분신이라도 할 각오로 휘발유 통을 옥상으로 나르는 사람들도 있었다. 그만큼 상황은 급박했다. 가톨릭 센터의 신부가 다시 찾아와 해산을 부탁했지만, 농성단은 여전히 센터 사수 의지를 밝혔다. 농성자들은 센터 외부로 나가서 700여 명의 시민과 합세해 독재 타도와 호헌 철폐 등을 외치며 버스와 택시에 유인물을 나누어 주기도 했다.

20일이 되자 농성자 수는 100명이 조금 넘는 정도로 줄어들었다. 농성 지도부는 경찰 진압에 대비해, 농성 참가자 수를 200명으로 늘려서 발표하고 있었다. 센터 내 농성자들의 식사는 계속 천주교 신자들이 맡아주었다. 인근 상인들은 빵과 음료수뿐만 아니라 수건, 수경, 치약과 랩, 사탕과 담배 등을 보내주었고, 생리대까지 한 상자 가져다주었다. 모금액도 며칠 지나지 않아 천만 원이 훌쩍 넘었다.

그러나 농성 5일째인 20일 이후 농성단은 기자를 포함해 농성자 수를 엄격하게 통제해야 했다. 센터 내에서 암약하는 프락치 때문이었다. 프락치들은 농성자들의 이름을 알려고 하거나, 경비를 자처해 입구를 지키다가 외부인과 접촉하는 모습이 자주 목격되었다. 이들은 공수부대 투입설까지 유포해 공포 분위기를 조성하기도 했다. 더욱 심각한 문제는 농성단 내에 만연한 서로 간의 불신이었다. 조금만 행동이 이상한 사람을 보아도 "저 자식 수상한데……"라는 말이 튀어나오기 일쑤였다. 시위 도중의 작은 실수로 프락치로 몰리는 경우도 있었다. 이런 분위기는 센터 내 단합을 해칠 뿐 아니라 밖에서 바라보는 시민들에게 실망감을 안겨줄 수 있었다. 상황이 이렇다 보니 농성자들이 센터를 빠져나가는 일도 생겼다. 이에 농성자들은 조별 시위를 계속하는 한편, 지금까지의 시국 변화와 투쟁에 임하는 자세를 놓고 긴 토론을 벌였다. 센터 측 신부는 지도부에게 조건이 열악해지고 비상 계엄령설로 시민들이 겁을 먹고 있으니 시민과 학생들을 해산하고 지도부와 신부들만의 농성을 고려해보자는 의견을 제시했다.

"농성대 여러분의 그간 노고는 충분히 전달되었습니다. 들으셔서 알겠지만 정세가 매우 긴박합니다. 이제 센터 밖에서 또 다른 투쟁을 만들고, 군부 개입의 빌미를 제공하지 않는 게 현명한 길이 아닐까 합니다."

22일 자정 무렵, 공수부대 투입설이 강력하게 제기되자 90명 남짓한 농성대원들은 물품을 가지고 옥상으로 피신했다. 우리는 횃불 시위를 벌이면서, 옥상에 화염병과 시너 통을 가득 쌓아 놓고 절박한 심정으로 농성을 유지했다. 그리고 해산 여부를 둘러싼 격론을 벌였다. 해산을 주장하는 의견이 조금씩 설득력을 얻어가고 있었다.

"센터 위치가 시위의 결집력을 떨어트리고 있습니다. 우리의 농성이 시위의 결집력을 강화했지만 상징성이 커서 도심에서 시위를 하다가도 종종 가톨릭 센터로 몰려오는 바람에 시위 확산

22일 자정 무렵, 공수부대 투입설이 강력하게 제기되자 90명 남짓한 농성대원들은 물품을 가지고 옥상으로 피신했다. 그리고 해산 여부를 둘러싼 격론을 벌였다. 해산을 주장하는 의견이 조금씩 설득력을 얻어가고 있었다.

---

에 부작용이 생기기도 합니다."

"시위 때마다 '가톨릭 센터로, 가톨릭 센터로!'라고 외치는 바람에 시위가 다른 곳으로 확산되는 데 방해가 되고 있습니다."

"천주교 측에서 우리 농성에 대해 부담을 갖고 있습니다. 장기 농성으로 사무를 볼 수 없을 뿐더러 기물도 적지 않게 파괴되었습니다. 이 정도에서 해산하고 26일을 준비하는 게 현명합니다."

"프락치들의 준동으로 서로 간의 불신이 너무 커졌습니다."

옥상에서는 끝을 알 수 없는 토론이 계속되었다. 지도부는 이날 오후 노태우의 기자 회견을 들어보고 해산 여부를 결정하는 것으로 하고 시간을 벌었다. 하지만 아무런 조치도 발표되지 않았다. 다시 농성대의 반응은 엇갈렸다.

"거 봐, 기다리긴 뭘 기다려. 무조건 농성이야!"

"그러게, 도대체 뭘 재고 따지고 한단 말이야. 눈앞에 저 놈들이 떡 하니 버티고 있는데."

"그렇게만 생각할 수 없습니다. 이제 저들의 의도가 분명한 만큼 26일 투쟁을 준비하기 위해 대오를 정비해야 합니다."

"신부들도 나가라 하지, 사람 수도 줄어들지, 프락치들은 들끓지. 이러다 우리만 고립될 수도 있습니다. 이제 분노보다 합리적인 판단이 필요한 시점입니다."

11시, 다시 농성 유지와 해산을 둘러싼 논의가 시작되었다. 4시간이 지나도 결론아 나지 않자 지도부는 더 이상의 토론은 무

의미하다는 판단 아래 어렵게 입을 떼었다.

"벌써 네 시간째입니다. 더 이상 소모적인 논의는 그만합시다. 이제 전원 거수를 통해 의지를 모읍시다."

농성단은 지리멸렬한 토론으로 지친 상태였고, 어떤 방향으로든 결정이 필요한 시점이었다. 거수로 의견을 물은 결과 42대 32로 해산이 다수 의견이었지만, 기권자가 너무 많았다. 일부에서 기권자가 많으니 1시간 정도 판단할 시간을 달라고 요청했다.

농성대는 삼삼오오 모여 의견을 나누고, 못다 한 이야기를 주고받았다. 답답하다는 듯 가슴을 치는 사람들, 긴장 상태를 못 이겨 잠시 눈을 붙이는 사람들도 있었다. 지도부는 다시 농성대를 모아 재투표를 알렸다.

"자, 이제 약속한 한 시간이 지났습니다. 모두가 만족할 수 있는 결론은 아니겠지만 우리는 민주주의를 위해 이곳에 모였습니다. 다수결의 원칙에 모두 승복하기로 하고 다시 거수로 결정하겠습니다. 먼저 농성 해산에 찬성하시는 분, 손을 들어주십시오."

다소 웅성거림이 있었지만, 40명이 넘는 인원이 손을 든 것 같았다.

"다음으로 농성 해산에 반대하시는 분, 거수해주십시오."

손 든 사람들의 수를 세는 동안 정적이 감돌았다. 마침내 결과가 나왔다.

"농성대원 89명 전원이 투표에 참여했습니다. 농성 해산에 찬

## 부산 가톨릭 센터 농성 해산

정부와 사제단의 타협으로 해산이 이루어진 서울 명동 성당 농성과 달리, 부산 가톨릭 센터 농성은 외부 압력을 거부한 채 농성단의 독자적 판단으로 해산을 결정한 측면이 강했다. 농성단은 지속적인 군 투입 위협 속에서도 농성을 지속하다가 6월 26일 평화대행진을 준비하기 위한 차원에서 농성을 해산했다.

가톨릭 센터 농성자들이 해산 후 경찰이 제공한 버스를 타고 떠나고 있다(부산지역 6월항쟁 사진집)

성하신 분이 47명. 농성 유지에 찬성하신 분이 42명. 전체 89명 가운데 과반수 찬성으로 농성 해산을 결정합니다."

결국 최종 결정은 해산이었다. 결과가 발표되자 몇몇 학생과 시민들은 결연한 반응을 보이며 해산에 반대했다. 지도부는 불만을 터트리는 사람들을 한 명 한 명 설득하느라 경황이 없는 듯했다. 하지만 대부분의 사람들은 악수를 하며 그동안 수고했다는 인사를 나누고 떠날 채비를 하고 있었다.

나도 멋모르고 시작한 일주일간의 농성단 참여를 뒤로 하고 잠시 평온을 찾았다. 8시가 넘어서 센터 측 신부의 기자 회견이 끝나고, 9시경 우리는 3대의 버스를 나눠 타고 농성장을 출발했

"육이구는 무슨 육이구고, '속이구' 지. 또 우릴 속이려고 만들어낸 말이재. 배운 만큼 배운 것들이 저래 단순해가지고. 나 참, 못 살겠다……."

다. 차창 밖으로 부산 시내를 바라보며 돌아가는데, 여러 질문이 스쳐 지나갔다. '이 일주일의 경험이 어떻게 기억될까. 대체 이 싸움은 어디로 가는 것일까?'

며칠 뒤 텔레비전 화면에 노태우가 뭔가를 발표하는 모습이 나왔다. 그날 사람들은 신이 나서 축제 분위기였다. 하지만 나는 공짜 밥도, 공짜 술도 쉽게 넘어가지 않았다. 왠지 모를 분노와 아쉬움이 머릿속을 떠나지 않았다. 같이 거리를 돌아다니던 친구가 식사를 하다 말고 말했다.

"육이구는 무슨 육이구고, '속이구' 지. 또 우릴 속이려고 만들어낸 말이재. 배운 만큼 배운 것들이 저래 단순해가지고. 나 참, 못 살겠다……. 내는 낮에 하도 답답해서 국민운동본분지 뭔지, 거기 전화까지 걸었다."

"뭔 전화를?"

"한바탕 욕이나 싸질렀지 뭐. '야, 지금 쌈을 그만두면 어쩌노. 이제 시작 아닌겨' 라고 말이다."

"그랬더니 뭐라든?"

"뭐라드라, 인자 이성을 찾고 합리적인 방법으로 민주 정부의 한 길로 같이 가재나. 그래서 니 혼자 가삐라고 말았다. 나 참."

그날 밤, 이런 대화를 나눈 사람들이 과연 우리 둘뿐이었을까?

깊이
읽기

## 부림 사건과 노무현

학림 사건의 여파로 1981년 8월에 터진 부림 사건은 완전한 조작의 산물이었다. 부산대 학생 운동 출신 민주 인사들을 잡아들여 국가보안법, 반공법, 집시법 등으로 옭아맨 이 사건은 그동안 부산 지역 민주화 운동의 성장에 불안을 느낀 5공의 싹쓸이 작전이었다. 부림 사건과 거의 같은 시기에 터진 오송회 · 금강회 · 아람회 사건들을 볼 때 이 무렵 5공은 지방의 민주화 운동 진영을 전반적으로 정리하려는 스케줄을 가지고 있었던 것으로 짐작된다.

이 사건은 부산 민주화 운동 진영을 쑥밭으로 만들기는 했지만 이 과정에서 또 한 사람의 운동가가 탄생했다. 노무현 변호사가 바로 그 사람이다. 당시 부림 사건의 변론을 맡았던 김광일 변호사는 부산 지역에서 민권 운동에 참여해온 죄목으로 걸핏하면 부림 사건의 공소장에 이름이 나오는 형편이었다. 이처럼 변호사가 아니라 피고 비슷하게 돼버린 김광일 변호사는 그때까지 시국 사건을 맡아본 일이 없었던 노 변호사에게 이 사건을 맡을 것을 권유하게 된다. 대학을 나오지 못한 노무현은 대학까지 나온 이 사람들이 왜 사서 고생을 할까 하는 궁금증에서 변론을 맡았다고 하는데 이것이 노무현의 인생에서 하나의 전환기를 이루게 되었다. 자신이 담당한 피고 송병곤을 연애하듯 자주 만난 노무현은 공소장에 나온 책들을 독파하기 시작했다. 이러한 과정에서 마침내 의식화(?)가 된 그가 재판정에서 변론 중 알리하고 포먼하고 권투 시합을 하는데 김일성이 알리 편을 들었을 때 피고인들도 알리 편을 들었다면 그것도 이적 행위냐고 따져 묻자 당시 최병국 검사는 "북괴를 찬양하는 발언을 삼가 주십시오"라고 소리쳐 폭소를 자아내기도 했다.

—신준영, 〈황무지에 움트는 들꽃이 되어 : 80년대 학생운동 야사(2)〉, 《월간 말》 1990년 3월호, 141쪽에서 발췌

# 4장

# 87년 6월의 취재 일지
## —6월 항쟁에 대한 이야기들

87년은 6월에 정점을 이루었지만, 그 진앙은 연초부터 존재했다. 이 장에서는 한 기자의 '취재 일기'라는 형식을 빌려 87년을 재구성해보았다. 나는 사건으로부터 거리를 두고 객관적 관점을 유지하려는 기자를 가상하고, 그라면 87년을 어떻게 기록했을지 상상하며, 기존 1차 자료와 연표, 사건에 대한 해석 등을 참고해 일지를 재구성했다.

나는 이 취재 일지를 통해 연표에서 사건별로 분산되어 있는 87년의 기록들이 어떤 연관성 속에서 한 개인의 기록으로 남겨질 수 있는지 해석과 상상력 등을 동원해 살펴보았다. 물론 이러한 이야기의 재구성은 필자인 나의 역사관에 근거한 것이다.

1

# 87년 6월 전야, 죽음의 레퀴엠

## 1987년 2월

• 2월 7일

'박종철 군 범국민추도식'에 대한 경찰의 원천 봉쇄로 전국 주요 도시에서 대규모 시위가 벌어졌다. 경찰은 799명을 연행했다.

• 2월 20일

서울교대생 박선영이 미 제국주의 매판 세력의 지배를 받는 조국의 현실에 항의하는 내용의 유서를 남기고 자결했다.

김용권(서울대 경영학과)이 군대에서 의문사했다.

## 1987년 3월

• 3월 3일

'고 박종철 군 국민추도회준비위원회'는 전국 주요 도시에서

박종철 군 고문치사에 항의하는 시위 모습(6월민주항쟁계승사업회)

'고 박종철 군 49제'와 '고문추방국민대행진'을 진행했으나 성공적이진 않았다. 일단 시민들의 반응이 뜨겁지 못했다. 박종철 군이 고문으로 죽었음에도 왜 사람들은 거리로 나서지 않을까? 일단 정부가 고문치사 사건을 신속히 진화하려고 했으며, 재야와 학생운동은 86년 중반 이후 구심력을 상실한 상태라 적극적인 시위가 벌어지지 않았다. 아마도 86년 5 · 3 인천 사태, 건국대 사태 등 운동에 대한 정부의 탄압 국면으로 조직력이 미처 회복되지 못한 상태였기 때문이 아닌가 싶다. 이날 전국 각지에서 439명이 연행되었다.

• 3월 6일

표정두(호남대 중퇴, 하남공단 신흥금속 노동자) 씨가 분신 사망했다. 그는 '내각제 개헌 반대', '장기 집권 음모 분쇄', '박종철을 살려내라', '광주 사태 책임지라'라는 구호를 외치며 주한 미 대사관 앞에서 분신했다. 이틀 뒤 그는 저 세상으로 떠났다.

## 1987년 4월

• 4월 2일

서울대 학생과 학부모 130여 명이 건국대 사태 등 시국 관련 구속 학생의 징계 철회를 요구하며 철야 농성에 들어갔다.

• 4월 6일

전국자동차노조연맹 서울택시지부 조합장 200여 명이 노조연맹 회관 강당에서 농성을 시작했다. 이들은 업적급제 폐지와 완전 월급제 실시 등을 요구하며 4월 8일 오후 4시까지를 통보 시한으로 잡았다. 9일에는 전국자동차노조 서울택시지부 조합원들이 4시간 반 동안 서울 시내 곳곳에서 경적 소리와 함께 압축 기화 연료 폭발음을 내며 차량 시위를 벌였다.

• 4월 13일

전두환은 이날 88년 서울 올림픽 때까지 모든 정쟁을 접고, 현행 헌법을 유지할 것을 발표했다. 한순간에 개헌 열기에 찬물을 끼얹는 선언이었다. 물론 전두환이 호헌 조치와 같은 발표를 할 것이라는 사실이 어느 정도 예견되긴 했다. 연두 기자 회견이나 2월 민정당 지구당 개편 대회 때 비슷한 말들이 있었다. 이런 요인 외에도 2월 7일과 3월 3일 추모 시위가 연이어 무산되면서, 정권은 자신감을 얻은 것으로 판단된다. 저항이나 반대가 있어도 공권력으로 제압할 수 있다고 판단한 것이다. 한편 전경련,

호헌 반대 시국 선언

1987년 대학 교수, 종교인, 변호사 등이 참여한 시국 선언은 전국에서 동시 다발적으로 진행되면서 마치 눈사람 굴리기snow-balling 효과처럼 확산되었다. 그러나 당시 시국 선언은 4 · 13 호헌 조치를 계기로 비계획적으로 일어났고, 소극적인 청원식 운동 형태에서 벗어나지 못했다.

김수환 추기경

대한상의, 경총, 한국노총, 대한증권협회 등은 평화적 정권 교체와 올림픽 등을 이유로 4 · 13 호헌에 대해 지지를 표명하고 나섰다. 개헌을 둘러싸고 사회가 양분되고 있다.

• 4월 14일

한국기독교교회협의회와 김수환 추기경이 전두환의 4 · 13 호헌 조치를 비난하고 나섰다.

• 4월 22일

이날부터 고려대 교수 30명을 시작으로 4 · 13 호헌 조치에 반대하는 내용의 시국 선언문이 발표되기 시작했다. 곧이어 농성, 성명 발표, 단식, 삭발 등이 이어졌다. 이른바 시국 선언 정국이 만들어진 것 같다. 이를 통해 잠재되어 있던 호헌 철폐-개헌 지지 흐름이 다시 등장하는 동시에 운동이 대중성을 확보해갈 수 있을까?

## 1987년 5월

• 5월 1일

신민당 탈당 의원 66명 등이 김영삼을 총재로 하는 '통일민주당'을 창당했다. 야당의 개헌 장외 투쟁이 가속화될 것 같다.

• 5월 6일

서울 지역 25개 대학 1,500여 명의 학생들은 연세대에서 서울지

박종철 열사 고문치사 은폐 조작 사건
처음에 조한경과 강진규의 범죄로 알려진 박종철 고문치사 사건은, 두사람과 같은 교도소에 수감되어 있다가 이들이 한숨을 쉬고 우는 모습을 수상하게 여긴 이부영 당시 민통련 사무처장이 이들에게 재수사 요구법을 알려주는 과정에서 진상이 밝혀지게 된다. 이부영은 사건의 진실을 교도관 전병용에게 알렸고, 이는 다시 김정남을 통해 천주교 정의구현사제단으로 전달되었다.

역대학생대표자협의회(서대협)를 발족시켰다. 의장으로 고려대 이인영이 선출되었다.

• 5월 18일

명동에서 큰일이 터졌다. 천주교 정의구현사제단 김승훈 신부가 박종철 고문치사 사건이 축소 · 조작되었으며, 진범이 따로 있다는 내용의 성명을 발표했다. 정국은 고문치사 은폐 기도를 둘러싼 공방전으로 전화되는 듯하다. 애초 조한경 경위와 강진규 경사가 범인으로 알려진 사건은 상부의 각본에 의해 축소 · 조작되었다고 한다. 한숨 돌리던 정권의 도덕성에 상당한 타격을 줄 것 같다.

• 5월 20일

서울보다 먼저 부산에서 민주헌법쟁취국민운동 부산본부가 결성되다.

• 5월 23일

재야인사 등 134명은 기독교회관에서 '박종철 고문살인은폐조작규탄 범국민대회 준비위원회'를 결성하고, 6월 10일 규탄 대회를 갖기로 결정한다. 정국은 한 치 앞을 예측하기 힘들다.

• 5월 27일

민주헌법쟁취국민운동본부가 결성되었다. 결성 선언문에서 국민운동본부는 민족자존 수호, 민주주의 대동 세상을 천명했지만, 무엇보다 방점을 찍은 것은 '정부 선택권의 회복'이 아닌가 싶다. 이로써 종교, 재야, 야당 등 거의 모든 민주화 운동 세력의 연합체가 만들어진 셈이다. 하지만 여전히 숙제는 남아 있다. 국본이 직선제 슬로건을 선택할 것인지 그리고 야당을 참여시킬지는 여전히 남은 과제다.

2

# 6월 10일, 폭발

## 1987년 6월

• 6월 5일

서대협 소속 13개 대학 총학생회 간부 20여 명이 각 대학 총학생회실에서 '호헌 철폐와 군부 독재 종식을 위한 단식 농성'에 돌입했다.

국민운동본부는 10일 오후 9시부터 10분간 소등한 뒤 TV 시청을 하지 말 것, 전 국민 전화 걸기 운동, 비폭력 저항, 연행 거부, 묵비권 행사 등을 발표했다.

• 6월 6일

서대협이 고려대에서 연합 대동 문화제를 개최했다.

시내 21개 고교에서 연세대 총학생회 명의의 '6 · 10대회' 안내 전단이 발견되었다.

• 6월 7일

전국 주요 대도시에 대한 검문검색이 강화되고 있다. 곳곳에 유인물을 찍을 수 있는 인쇄소에 대한 검색이 실시되고 있고 전국 경찰에는 갑호비상령이 떨어졌다고 한다. 차량 시위에 대비해 택시와 버스의 차량 경음기를 떼게 하고 기사 교대 시간을 변경하는 등 정부의 경계 수위가 높아졌다.

• 6월 8일

고건 내무부 장관과 정해창 법무부 장관은 담화문을 발표해 6·10 대회를 불법 집회로, 국본을 불순 단체로 규정했다. 오늘 배포된 해설 자료에 따르면, 국본 발기인 2,000명을 분석해볼 때 60년대 이후 반국가·반사회 책동을 해온 범죄 전력자와 국사범이 대다수를 이루고 있으며, 종교인들 가운데에도 폭력으로 현실 파괴도 불사하는 해방 신학 계열이 포함되어 있다고 주장했다. 민주화 운동에 대한 매우 구태의연한 반응이 아닐 수 없다.

• 6월 9일

연세대생 이한열 군이 교내 시위 도중 직격 최루탄에 피격되었다. 또 한 젊음이 사그라지는 건가.

• 6월 10일

드디어 운명의 6월 10일이 다가왔다. 민정당은 노태우를 대통령 후보로 뽑는 경사스러운 날이었지만, 결국 축제가 되지 못했다. 민주헌법쟁취국민운동본부는 '박종철 군 고문치사 조작 은폐 규탄 및 호헌철폐 국민대회'를 열었고, 경찰의 원천 봉쇄에도 전국

> 정부도 관공서 국기 하강식 생략, 시청 및 종로 지하철 무정차 등 시위에 맞서 철저한 준비를 기했다. 하지만 각 도시의 학생과 시위대의 연좌시위로 점차 참여자가 늘어났고 이들은 대중 정치 집회를 열어 정권에 대한 성토를 벌였다.

18개 도시에서 가두시위가 벌어졌다. 국민운동본부는 다수 국민이 참여할 수 있도록 대회 시간을 퇴근 시간인 6시 이후로 잡았다고 한다. 국본은 '고문살인 은폐 규탄 및 호헌철폐 국민대회'(6 · 10대회)를 개최하여 22개 도시 50여만 명의 학생, 시민이 참여한 가운데 '호헌 철폐', '독재 타도', '직선제 쟁취하여 군부독재 타도하자' 라는 구호를 외치며 대규모 시위를 전개했다. 그 외에도 대중의 눈높이에 맞게 행동 방침을 제시했다.

정부도 관공서 국기 하강식 생략, 시청 및 종로 지하철 무정차 등 시위에 맞서 철저한 준비를 기했다. 하지만 각 도시의 학생과 시위대의 연좌시위로 점차 참여자가 늘어났고 이들은 대중 정치 집회를 열어 정권에 대한 성토를 벌였다. 이것이 순조롭지 못한 곳에서는 경찰 버스, 파출소, 민정당사에 타격을 가하는 일이 전국에서 공통적으로 일어났다.

남대문과 종로 일대 상인들은 시위대에게 숨을 곳을 제공해주었으며, 파출소 벽에 붙어 있던 전두환의 초상화가 시민들에 의해 박살이 났다고 한다. 부산에서는 대회장인 대각사 주변을 비롯해 시내 곳곳에 삼엄한 경비망이 쳐진 가운데 오후 5시경부터 '독재 타도, 민주 헌법 쟁취' 등을 외치면서 시위가 전개되었다. 부산 가톨릭 센터 앞, 충무동 국제시장, 부산역, 광복동 거리 등에서는 저녁 11시가 넘을 때까지 산발적 시위가 계속되었다. 특히 부산에서는 경찰의 과잉 진압으로 시민들의 분노가 폭발했다. 연행자가 170명에 달한다고 한다.

성남과 마산에서는 2만여 명이 가두시위를 전개하여 전경을 무장 해제시켰다. 특히 마산에서는 시위대가 마산 공설 운동장에 진입하면서 경찰이 쏘아댄 최루탄 가스로 인해 국제축구대회 한국 A팀 대 이집트의 경기가 무산되었다. 이에 경기장 관중들이 시위대에 합세하여 3만여 명의 시위대가 자정까지 시위를 계속했다고 한다.

광주에서는 수만 명이 오후 5시경부터 다음날 새벽 5시까지 금남로 · 충장로 일대에서 격렬하게 시위를 전개했다고 한다. 경찰의 과잉 진압으로 상당수 시민이 부상당하고 총 239명이 연행되었다. 오후 6시 가톨릭 센터에서 녹음된 타종을 방송하면서, 이에 맞추어 도청 앞에서 미국 문화원에 이르는 보도에 5,000여 명이 운집해 돌과 화염병으로 시위를 전개했다. 깃발과 피켓, 플래카드 등을 들고 연좌 농성을 시도했다. 군산에서도 시위대가 시내 전역을 휩쓸고 군산 경찰서장이 시위대 앞에 나와 대회장 봉쇄에 대한 공식 사과를 하는 진풍경이 연출되기도 했다.

이날 밤부터 서울 명동 성당 농성 투쟁이 시작되어, 투쟁 집행부가 구성되고 명동 성당 주변에서 선전전과 투석전이 전개되고 있다고 한다.

• 6월 11일

서울에서는 서울 시내 7개 대학이 '명동 출정식'을 거행한 후 서

6 · 10대회 이후 진행된 명동 성당 사제단 시위 모습 ⓒ 정의구현사제단

천주교 정의구현전국사제단은 6 · 10대회와 관련해 '우리의 기도와 선언' 이라는 성명서를 발표하고 명동 성당 농성 지지를 표명했다. 명동 성당 주변 1,500여 병력은 완전히 철수했다. 우연히 만들어진 명동 성당 농성이 투쟁의 중심이 되고 있다.

울대생 500여 명 · 한국외국어대생 1,000여 명 · 서울시립대생 · 경희대생 · 한양대생 등이 명동과 신세계 앞 및 남대문시장 등 도심 곳곳에서 시위를 전개했다.

전주에서는 공설 운동장에서 프로 야구팀 해태와 OB 경기가 끝난 후 관중 500여 명이 20분간 경찰과 투석전을 벌였다.

• 6월 12일

서울 명동 성당 주변에서 회사원이 중심이 된 시민 천여 명이 점심시간을 이용해 호헌 철폐를 외치며 시위를 시작했다. 사람들은 이들을 '넥타이 부대' 라고 부르고 있다. 명동 성당이 투쟁의 중심지가 되면서 민주화 운동을 방관하고 있던 중산층이 조금씩 움직이기 시작하는 것 같다.

• 6월 14일

천주교 정의구현전국사제단은 6 · 10대회와 관련해 '우리의 기도와 선언' 이라는 성명서를 발표하고 명동 성당 농성 지지를 표명했다. 명동 성당 주변 1,500여 병력은 완전히 철수했다. 우연히 만들어진 명동 성당 농성이 투쟁의 중심이 되고 있다.

• 6월 15일

전국적인 시위가 재연되기 시작했다. 서울 명동 성당에서 '나라와 민주화를 위한 특별 미사' 후 학생 · 시민 · 신자 등 1만 8,000여 명이 촛불 가두 행진을 전개했다. 하지만 성당에서 농성을 하던 농성대가 경찰의 안전 귀가 보장에 따라 해산을 결정하자 이 서울 명동 성당 주변에서 회사원이 중심이 된 시민 천여 명이 점심시간을 이용해 호헌 철폐를 외치며 시위를 시작했다. 사람들은 이들을 '넥타이 부대' 라고 부르고 있다. 명동 성당이 투쟁의 중심지가 되면서 민주화 운동을 방관하고 있던 중산층이 조금씩 움직이기 시작하는 것 같다.

를 지켜보기 위해 사람들이 몰리면서 온통 북새통을 이루었다. 과연 농성을 해산한 것이 잘한 일인지 의구심이 든다. 10일부터 유지되던 전국적 투쟁의 구심이 사라지는 것인지, 왜 해산을 결정했는지 잘 이해가 되지 않는다.

이날 월요일을 맞아서 전국 59개 대학 9만여 명이 교내외 시위를 전개했다. 연세대생 7천명 신촌 로터리 점거, 건국대생 1천명 화양동 로터리 점거가 있었고, 인천 인하대생들이 주안 사거리 등에서 가두 투석전을 벌이다가 용남 파출소 타격을 이어갔다.

한편 상대적으로 평화적인 시위가 이루어지던 충주에서도 양상이 변화하기 시작했다고 한다. 저녁 6시 10분경 가스차가 전소되고, 8시 30분경에는 투석전으로 경찰이 무력화되고 민정당사 지구당에 화염병이 투척되었다고 한다. 시간이 갈수록 지방에서의 시위가 격렬해지는 것 같다.

• 6월 16일

국민운동본부는 6월 18일을 '최루탄 추방의 날' 로 결정하고 행동지침을 발표했다. 18일 두 번째 전국적 대규모 시위가 예상된다.

연세대생 2,000여 명이 '조국을 위한 민주화와 이한열 군 회복을 위한 기도회' 를 열었다. 이날도 전날에 이어 시민, 학생 등 500여 명이 명동 주변에서 시위를 이어갔다.

경찰은 국민운동본부 사무실을 수색, 성명서와 상황 일지 등을 압수했다.

6월 항쟁과 중소 상인

대전 백화점 외에도 서울 남대문시장, 청계천, 부산의 국제시장, 자갈치시장, 대구의 서문시장 등이 투쟁의 중심지로 등장했다.

15일에 이어 16일에도 충주에서 자발적인 시위가 벌어졌다. 저녁 9시 30분경에 1만여 명이 충남도청 점거를 시도했고 11시 45분에는 시위대가 파출소에 화염병을 던지고 교통신고센터를 파손했다고 한다. 지도부가 없음에도 밑으로부터의 자발적인 시위가 갈수록 늘어가고 있는 듯하다.

대전에서는 대전 백화점에 대한 시위대의 공격이 일어났다. 전두환의 부인인 이순자 소유로 알려진 대전 백화점을 향해 성난 시위대는 돌을 던져 유리를 다수 파손했다. 이 시위에는 지방 경제 위축에 분노한 중소 상인들이 상당수 참여했다고 한다. 대전 역시 밤이 깊어짐에 따라 실업자와 룸펜 청년들의 폭력 시위가 잦았다고 한다. 중산층이 시위에 참여하기 시작한 서울과 달리 지방에서는 밤 시위의 중심이 하층민들로 변해가고 있는 것 같다.

• 6월 17일

이날 부산과 대전에서는 1만여 명의 시민이 도심에서 심야 시위를 전개했다. 특히 17일 부산 상황은 흡사 시민 봉기 같았다. 17일 밤 시위가 18일 아침까지 이어질 정도였다. 심야에 택시들이 경적 시위를 벌였고 사상공단 노동자들이 퇴근 뒤에 "8시간 노동으로 생활 임금 쟁취", "민주 노조 결성" 등의 구호를 외치며 시위대에 참여했다. 이날 저녁 10시 촛불 시위대는 좌천동 고가도로로 달려들었다. 경찰은 시청 등을 방어하기 위해 최루탄을 난사했고, 이 과정에서 이태춘 씨가 다리에서 추락, 사망했다. 0시에 시위대는 경찰 저지선을 돌파, KBS 앞에서 2만 명이 투석전을 벌였고 일본 영사관에 돌을 투척하여 유리창 42장을 깨트렸다.

새벽 3시경에는 국제시장 신호대 앞에 바리케이드를 설치한 후 시위 중 경찰이 최루탄을 발사하자 기동대 버스가 절반쯤 불에 타고 승용차 1대도 파손되었다. 한편 부산 시내 시위대 중 500여 명은 가톨릭센터 안에 남아 농성하기로 결정한다. 명동성당에 이은 두 번째 투쟁의 근거지가 마련되는 것일까?

대전에서 시위 군중은 오후 5시에서 저녁 11시 40분에 걸쳐 유천동, 은행동, 대흥동, 목동 그리고 용주동 파출소를 습격하고, '부정 축재 이순자를 몰아내라' 는 구호를 외쳤다.

동인천 주변 시위에 중고생들이 참여했다고 한다. 광주 등지에 이어 이제 수도권에서도 중고등학생이 참여했다니 사태가 사뭇 심각해진 것 같다. 4 · 19도 그들의 참여로 불이 붙지 않았던가.

• 6월 18일

오늘은 '최루탄 추방 국민대회' 가 열렸다. 대회 장소인 연동 교회가 경찰에 의해 원천 봉쇄되자 기독회관 1층으로 집결하던 도중 고려대생과 전경이 대치하다가, 2,500여 명의 학생들이 동대문에서 연좌하여 '독재 타도, 호헌 철폐' 등 구호를 외쳤다. 또 종로 5 · 6가 일대에서 시민, 학생 1만여 명이 오후 3시 반경부터

최루탄 추방 국민대회 ⓒ 외대학보

11시까지 시위를 지속했다.

인천의 최루탄 추방 대회에 4만 명이 넘는 시민이 참여했다. 노동자와 학생 1만여 명은 인천 숭의동 로터리에서 가두집회를 전개했고, 백마장 부근에서 청천동에 이르기까지 시위대가 불어나 노동자들이 대거 합세했다고 한다. 자정에 인천 전역에 정전이 된다는 뜬소문이 돌아 시위대가 횃불을 드는 에피소드도 있었다고 한다.

부산에서는 오후 4시에 3만 5,000여 명이 파출소 3곳을 습격해 민간 트럭 및 소방차를 탈취하고, 택시 기사 300여 명이 3시간 40분간 경적 시위를 진행했다. 4시 30분에는 서면 로터리에 6만 명이 운집했으며, 8시 이후 초량 1파출소, 남포동 파출소 등이 시위대에 의해 방화되었다. 특히 10시 부산진역에서 2만 명이 시위를 벌이자 아주머니들과 요식업소 여성들이 물수건과 치약을 준비해 시위대에게 나누어 주기도 했다. 새벽에는 중앙동 4거리에서 시위대가 바리케이드를 쳐서 2킬로미터 구간의 통행이 마비되었으며, 새벽 2시 50분경 초량 로터리에서 KBS 사이에 모인 1만여 명의 시위대 가운데 2천 명 정도가 대형 트럭과 트레일러 등 10여 대 차량을 이용해 대형 태극기와 반정부 플래카드를 들고 시청으로 돌진했고, 여기에 택시 200여 대가 합세했다.

새벽 3시경에는 차량 시위대가 8개의 시내 파출소에 방화하고 집기를 파손했다. 결국 이날 밤 강태홍 부산 시장은 시위대 자제 촉구 담화문을 발표한다.

18일 부산 시위에서 주목되는 사실은 사상공단 노동자들의 시위 참여이다. 서울 명동 성당 주변에는 넥타이를 맨 사람들이 잔뜩 모여 있었으나 부산에서는 달랐다. 서울보다 육체노동을 하는 사람들이 많이 살아서 그런지 모르겠다. 오후 6시쯤 국제상사 밖에서 시위대가 가두시위를 벌이자, 이에 고무된 노동자들은 잔업을 거부하고 도로를 점거한 채 서면으로 향했다. 작업복을 입은 노동자, 재봉틀을 돌리다 나온 여성 등으로 거리가 메워졌다. 이들은 '노동자 단결하여 민주 노조 건설하자', '8시간 노동으로 생활 임금 쟁취하자', '노동자 피땀 짜내는 독점 재벌 해체하라', '노동자 단결하여 살인 정권, 기만 정권, 군부 독재 끝장내자'를 외쳤다. 이들이 서면에 도착할 무렵에는 로터리 부근에 20여만 명이 운집했으며, 부산상고, 부전시장, 범내골 방면으로 8차선 도로를 천여 개나 점거했다. 서면 로터리에서 부산진시장에 이르는 5킬로미터를 시위대가 점거함에 따라 경찰도 진압 자체를 포기하는 상황이었다. 새벽 1시 20분경 서면 로터리에서 택시 200여 대가 경적 시위를, 부산역과 초량 삼거리에서 택시 100여 대가 1시간 동안 경적 시위를 벌였다. 새벽 2시경에는 초량동 YMCA 뒤편에 흩어져 있던 시위대가 횃불 시위를, 오후 4

87년 6월에 가장 치열한 투쟁을 벌인 곳은 부산이 아닌가 싶다. 이날 시민들의 봉기 차원으로 격화된 부산 시위로 인해 비상 계엄설이 퍼지기 시작했다.

---

시에는 시민 포함 3만 5,000여 명의 시위대가 영주 파출소 등 파출소 3곳을 습격해 민간 트럭과 소방차를 탈취했다. 부산진구 중앙로에서는 택시 기사 300여 명이 3시간 40분 동안 시위를 벌였다. 서면 로터리에 6만여 시위 군중이 운집했고 택시 기사 100여 명 등이 합세해 시위대 선두에서 경적 시위를 벌이는 치열한 양상을 보였다. 87년 6월에 가장 치열한 투쟁을 벌인 곳은 부산이 아닌가 싶다. 이날 시민들의 봉기 차원으로 격화된 부산 시위로 인해 비상 계엄설이 퍼지기 시작했다.

국민대회가 거듭될수록 지역별로 집회나 시위가 자주 발생하는 상징적 중심지들이 생겨났다. 서울의 명동이나 신세계 로터리, 서울역, 부산의 부산역 광장과 서면 로터리, 대전의 중앙로 일대, 광주의 금남로와 중앙로 등이 그곳이다.

• 6월 19일

민주당은 긴급 총재단 회의를 소집하고, 시위대의 폭력 자제를 호소하며 여야 영수 회담을 제의하는 등 동요하는 모습을 보였다. 이를 반영하듯이 시위는 다소 하강 국면을 그리고 있다. 그럼에도 불구하고 오늘도 전국에서 4만 6,000여 명의 시위가 일어났다.

먼저 안양에서는 병력이 모두 서울로 차출된 사이에, 지역 노동 운동 그룹이 공동으로 준비해서 자정 무렵부터 우체국 사거리에서 대규모 시위를 벌였다. 시위는 공사장 자재와 승합차 기름을 빼서 화염병을 만드는 등 무척 격렬하게 진행되었다고 한다.

성남에서는 4만여 군중이 시청 앞에서 '무장 해제'를 외치며 전경과 격렬한 몸싸움 벌였다고 한다. 이날 시위는 다음날인 20일 아침 7시경까지 계속되었다.

충주 역시 마찬가지라고 한다. 전화를 걸어보았더니 새벽까지 시위가 이어졌는데, 밤 11시 30분에는 KBS에 화염병이 던져졌고, 자정이 넘어서는 민정당사와 신민당 지구당사 유리창이 파손되었으며, 새벽에는 용암 파출소가 습격을 당했다고 한다. 국민운동본부는 비폭력 시위를 강조하지만 실제 시민들은 그렇지 않은 것 같다.

부산역 도로를 점거한 시위대가 독재 타도 구호를 외치고 있다(부산지역 6월항쟁 사진집)

특히 부산은 시위가 잦아들었던 19일부터 3일간 투쟁을 이끌었다. 부산에서는 전날 시위에 이어 부산역 앞 간선 도로를 시위대가 점거했고, 새벽 0시 45분에는 방송국을 점거하려고 했으나 경찰의 저지로 실패했다. 이후 시위대는 시청으로 방향을 바꾸어 진격했으나 경찰 저지선을 돌파하는 데는 실패했다.

지방의 시위 격화와는 달리, 국민운동본부 중앙은 큰 기로에 서 있다. 관계자에 따르면 국본은 콘벤투알 수도원에서 철야 회의를 가졌다고 한다. 논의의 중심 의제는 지금과 같은 투쟁을 연장할 것인지를 둘러싼 문제였다. 야당은 18일 부산 등지에서의 과격 시위를 근거로 신중론과 정치 협상의 필요성을 제기했다. 역시 야당은 밑으로부터의 대중 시위가 격화되면 본인들의 입지가 흔들릴 것이라는 우려를 했던 것이다. 특히 종교계와 상도동계 및 동교동계는 비상조치 가능성을 언급하며 온건 대응을 주장했다고 한다. 바야흐로 국본 내 노선을 둘러싼 갈등이 표면화되고 있다.

• 6월 20일

철야 회의 끝에 국민운동본부는 정부에 22일까지 4 · 13 호헌 조치 철회, 양심수 석방, 언론 · 집회의 자유 보장 등에 대한 분명한 태도를 밝힐 것을 요구했다. 그렇지 않을 경우 전국 평화 대행진을 실시할 것을 예고했다. 일단 투쟁이 잦아들 위기는 넘겼지만, 서울에서 시위는 한 풀 꺾인 국면이다.

서울에서는 오후 8시경 구로 공단 내 가리봉 5거리에서 노동자 80여 명이 '호헌 철폐, 독재 타도' 플래카드를 앞세우며 투석전을 벌였다. 그동안 서울에서 거의 등장하지 않던 노동자들의 시위는 아마도 노동 운동 조직에서 사전에 기획한 것이 아닌가 추측해본다.

그러나 지방은 달랐다. 성남에서는 1천여 명의 노동자, 학생이 성호시장 앞에 집결해 돌과 화염병을 투척했다. 흡사 전쟁터를 방불케 하는 상황이었다. 특이할 만한 사실은 서울과 달리 넥타이

광주 대단지 사건
1971년 8월 10일, 서울에서 인근 광주로 강제 이주한 도시 빈민들이 애초 정부가 약속했던 주거 및 고용 시설이 실현되지 않자 이에 불만을 품고 일으킨 자연 발생적인 도시 봉기를 가리킨다. 윤흥길의 소설 〈아홉 켤레의 구두로 남은 사내〉에 당시 분위기가 잘 기록되어 있다.

부대가 거의 참여하지 않고 생산직 노동자의 참여가 높았다는 사실이다. 아마도 광주 대단지 사건과 연관이 있을지 모를 일이다.

폭력 시위는 전북에서도 등장했다. 국민운동본부의 비폭력 지침에도 불구하고, 투석전, 경찰서와 방송국 습격 등으로 경찰력을 마비시키는 등 초반부터 격렬한 양상을 보였다. 이리(현재의 익산)에서는 주요 관공서가 거의 모두 공격을 받았다.

호헌 철폐를 외치는 시위대

광주에서는 7시 35분경에 중앙대교 앞에서 스크럼을 형성한 학생 중심의 500여 명의 시위대에 주변 시민들이 급속히 가세해, 약 3만 명이 중앙로 앞까지 도로를 완전 장악했다고 한다. 7시 42분경에는 중앙로와 대성국로 사이 지역에 10만여 명이 운집해 메가폰과 마이크를 사용하며 시위를 계속했으며, 9시경에는 원호청과 광주은행 사이에 약 20만 명으로 추정되는 시민이 운집했다.

나는 처음에는 시위가 서울이나 몇몇 대도시에만 국한될 것이라고 생각했다. 하지만 실제는 그 이상이었다. 투쟁은 대도시, 중소 도시에서 동시다발적으로 일어났고, 주변 군 단위 농촌까지 확산될 조짐을 보이고 있다.

• 6월 21일

광주에서는 새벽 1시경 공원 쪽 시위대가 중앙로 시위대에 합류

하면서 10만여 명이 운집했다. 또 시내 곳곳에 대자보가 붙고 시국 토론회가 전개되었다. 새벽 4시경에는 호남동 천주교회 부근에서 학생들은 비폭력을 주장했지만 시민들은 화염병 사용의 정당성을 주장하며 스스로 화염병을 만들었다. 오후 1시경에는 고등학생 350여 명이 모여 광주 지역 고등학교 민민투를 결성해 시위에 참여하기 시작했다. 이 시기 소강상태를 보이던 가두시위에서 특이할 점은 고교생의 진출이 현저하게 증가한 사실이다. 10시경 중앙로 쪽 시위대와 공원 부근 시위대가 선현 교회 방면에서 합류해 1,000여 명의 대열을 형성하고, 이곳에서 처음으로 시민들이 제작한 화염병이 사용되었다고 한다. 광주와 목포에서도 고교생들이 거리에 나오기 시작했다. 이들은 비폭력 투쟁을 비판하며 시위에 동참했다. 순천에서는 시위대의 80퍼센트가 고등학생이라는 이야기도 들린다.

부산에서는 매일 새벽까지 시위가 이어지자 0시를 기해 택시 운행이 전면 중단되었다. 오후 4시부터 다음날 새벽 2시까지 학생과 일부 시민 5,000여 명이 부산 시내 주요 간선 도로를 점거하고 가두시위를 계속했다.

• 6월 22일

시위는 전국적으로 소강상태를 그리는 양상이다. 부산에서는 오후 9시 45분 가톨릭 센터에서 농성하던 시민과 학생들이 해산 후 버스를 타고 귀가하던 도중 부산대 앞에서 경찰의 무차별 최

전두환과 김영삼의 협상 결렬

6월 24일 김영삼과 전두환의 협상에 이어 25일 회동한 김대중과 김영삼은 단순한 개헌 논의 전개만으로는 4 · 13 조치 철회라고 볼 수 없으며, 정부가 최소한 선택적 국민투표를 통해 개헌을 매듭짓고 새 헌법하에서 연내 선거를 실시해 1988년 2월 민간 정부로 정권을 이양하겠다는 의사를 밝혀야 4 · 13 조치의 철회라고 합의했다. 국민운동본부 역시 25일 성명을 통해, 전두환이 김영삼이 제시한 시국 수습안은 하나도 받아들이지 않고 개헌 논의를 국회에서 재개하라고 일방적으로 통고함으로써 회담이 끝났다고 주장했다.

---

루탄 발사 및 구타와 함께 남부서로 전원 연행되었다.

전주에서는 오전 11시부터 다음날 새벽 2시까지 쉬지 않고 투쟁을 전개했다고 한다. 시위대가 지나가는 길목에 있던 파출소들은 모두 화염병과 투석으로 파괴되었다. 또 KBS와 전주 MBC, 교육청 그리고 중앙동 안기부 대공상담소도 돌과 화염병의 공격 대상이 되었다.

• 6월 23일

25개 대학생 2만여 명이 연세대 노천극장에 집결해 서대협 주최로 연합 집회를 한 후 평화 대행진을 했다.

성결 교회에서 200여 명이 기도회 후 가두시위를 벌였다. 폭풍 전야 같은 고요함이다.

• 6월 24일

전두환과 김영삼 간 회담이 개최되었으나 김영삼 측에서 협상 결렬을 선언했다. 협상 결렬로 국민운동본부는 예정된 26일 평화 대행진을 진행한다고 발표했다. 하지만 투쟁과 협상 사이에서 흔들리는 국민운동본부를 보며, 여전히 야당에 끌려 다니는 상징적인 지도력만을 지닌 한계를 느끼지 않을 수 없었다.

이날 오후 6시 영등포에서 호헌 철폐와 독재 타도를 외치는 노동자들의 시위가 있었고, 부산교구 소속 신부 80여 명은 어제 부산 가톨릭 센터 농성 해산 과정에서 있었던 최루탄 난사에 항의하며 무기한 농성에 돌입했다.

• 6월 25일

광주에 이어 전주에서도 고교생들이 전경의 공권력에 맞서 폭력 투쟁을 주창하며 거리로 나서고 있다고 한다.

이리에서는 시위 행렬이 이리 경찰서와 민정당사 앞으로 이동해 연좌시위를 벌이자 경찰은 기다렸다는 듯이 최루탄을 난사했다. 이때부터 300~400여 명의 시위대가 무리를 이루어 새벽 3시까지 민정당사, 시청, 이리 세무서, 노동부 이리 지방 사무소, 전신전화국 등에 돌과 화염병을 던져 일부를 불태웠다.

이처럼 전국적 시위는 국민운동본부의 의도와는 무관하게 진행되고 있었다. 대중의 경찰서 · 방송국 방화, 투석을 비롯한 폭력 시위와 새벽까지 이어지는 투쟁은 국본이 의도하지도 기대하지도 않았던 결과가 아닌가? 국본 지역 본부들도 시위 과정에서 실질적인 지도력을 행사하지 못했다. 차라리 85년 이후 꾸준히 경험을 축적해온 민통련 지역 조직들이 지역 투쟁에서 중요한 역할을 담당하고 있는 것으로 보인다. 하지만 민통련의 역할도 시위 군중이 확대됨에 따라 한계에 다다랐다.

• 6월 26일

전국 37개 도시에서 평화 대행진 시위가 전개되었다. 이 과정에서 경찰은 3,467명을 연행했다고 한다. 성남에서는 3만여 시위대가 평화 행진을 한 뒤 자정 무렵에 해산했다. 이후 시내 곳곳에서 새벽 3시까지 산발적인 시위가 계속되었는데, 중앙 파출소 점거, 노동 3권 보장, 저임금 박살등의 구호가 등장했다. 이날 가두에서는 대중 정치 집회가 진행되었다. 시위대는 도로나 광장을 점거하거나 연좌시위 형태로 군부 독재 성토, 정치 연설, 선동 그리고 구호 제창 등을 시민과 함께 했다. 대중 집회의 규모는 작게는 500명에서 크게는 5만여 명에 이를 정도로 다양했다.

6월 26일 평화 대행진에 참여한 시민들 ⓒ 외대학보

인천에서는 경찰의 원천 봉쇄 속에서도 1만여 명의 시민 · 노동자 · 학생들이 도로를 점거한 가운데 다음날 새벽 2시까지 시위가 지속되었다. 이날 부평로 대중 집회에서 '인천지역민주노동자연맹'의 창립 보고 대회가 개최되기도 했다.

부산에서는 시내 전 지역에서 27일 새벽 2시까지 시위가 지속되었다. 대형 트럭과 버스, 택시 등 차량 시위가 정점을 이루었으며, 비조직 대중들의 가두 진출이 급격하게 증가했다. 실제 6월 26일 시위에 참여한 시민 수는 6월 10일의 4배에 달한다고 한다.

광주에서도 6시 원각사 앞에서 5 · 18 유족회 · 국민운동전남본부를 중심으로 2,000여 명이 시위를 벌였다. 7시경에는 한일은행 사거리 일대에 10만여 명이 운집해 27일 새벽까지 산발적 국본이나 재야, 학생 운동의 의도와는 무관하게 시위대는 폭력적인 진압에 대한 정당방위의 일환으로 '폭력 투쟁'을 전개했다. 각 지역에서 전개된 이러한 양상에 대해 국본, 특히 학생 운동은 비폭력이라는 경직된 전술 운영을 거듭했다.

인 시위를 계속했다. 이날 광주에서의 시위는 20~30만 명에 달하는 최대 규모였다고 한다.

안양에는 국민운동본부 지방 조직이 없는데도 대규모 시위가 전개되었다. 안양 1번가 대로변 거리가 해방구가 되었고, 평소에 민원 대상이었던 노동부 안양 사무소, 경찰서 등에 화염병이 투척되었다고 한다. 저녁 10시 반에는 전경 무장 해제를 외치는 시민들에 의해 민정당 지구당사가 불탔고, 11시 20분에는 시위대가 안양 경찰서를 함락하기 일보 직전에 화염병이 모자라서 후퇴했다고 한다. 전국 어디서나 경찰서, 방송사, 민정당사는 시위대의 공격 대상이 된 것 같다.

26일을 정점으로 정세가 고양되자 명동 성당 농성 시기 거리에 나오던 화이트칼라들은 점차 투쟁에서 이탈하고 있는 것 같다.

이처럼 국본이나 재야, 학생 운동의 의도와는 무관하게 시위대는 폭력적인 진압에 대한 정당방위의 일환으로 '폭력 투쟁'을 전개했다. 각 지역에서 전개된 이러한 양상에 대해 국본, 특히 학생 운동은 비폭력이라는 경직된 전술 운영을 거듭했다. 18일 인천, 21일 부산에서 경찰이 무차별적인 폭력을 행사해 시민들이 구타당하고 그들의 분노가 확산되어도 이들은 비폭력 투쟁만을 고집했다. 이해하기 어려운 대목이다. 투쟁의 이슈나 방식에서 좀 더 유연성이 필요한데……. 결국 이런 전술이 사람들을 직선제와 비폭력에 가두는 결과를 낳지 않을지 걱정이다.

이태춘 씨 장례 미사
ⓒ 부산지역 6월항쟁 사진집

• 6월 27일

청주에서도 밤 10시 10분경에 시위대가 전경 버스를 소각하고 시외버스 터미널 부근 파출소와 KBS를 향해 투석을 했다고 한다. 부산에서는 직격 최루탄으로 사망한 이태춘 씨의 국민운동 본부장 장례식이 범일동 성당에서 거행되었다.

• 6월 29일

드디어 노태우가 6 · 29 선언을 발표했다. 10일부터 2주가 넘게 외쳤던 직선제 요구가 수용된 것이다. 당일 제시된 내용은 (1) 대통령 선거법 개정 (2) 김대중 씨의 사면 복권과 극소수를 제외한 시국 관련 사범 석방 (3) 국민기본권 신장 (4) 언론 자유 창달

(5) 지방자치제 실시와 대학의 자율화 (6) 정당의 자유로운 활동 보장 (7) 과감한 사회 정화 조치 등이다. 신문과 국민운동본부에서는 6 · 29를 전 국민의 위대한 승리라고 자평하고 있다. 심지어 공짜 술과 음식을 대접하는 시민들도 있다.

하지만 6 · 29는 정말 국민의 승리일까? 왠지 이날 이후 재야와 야당이 분리될 것 같다는 느낌을 지울 수가 없다.

3

# 진군과 퇴각의 아포리아

## 1987년 7월

• 7월 1일

전두환은 '시국 수습에 관한 특별 담화'를 발표해 6 · 29 선언 8개항을 모두 수용한다고 밝혔다. 왠지 사전에 노태우와 전두환 두 사람이 '짜고 친 고스톱' 같은 느낌이 든다.

• 7월 3일

시민과 학생 1만 5,000여 명이 서대협 주최로 연세대에서 시국 토론회를 개최했다.

• 7월 6일

한국기독교총연맹 등 노동 관련 17개 단체가 '민주헌법쟁취 노동자공동위원회'를 결성했다. 전국 17개 노동 운동 단체 대표들은 한국교회사회선교협의회 사무실에 모여, 6 · 29 이후의 정세 변화 이후 노동자들의 투쟁에 통일적으로 대처하고, 헌법 개정에서 노동자들을 위한 민주주의의 실질적 내용을 확보하기 위해 '민주헌법쟁취 전국노동자공동위원회(노동공동위)'를 결성했다. 한편 민주헌법쟁취 노동자투쟁위원회(민헌노위)는 6 · 29에 대한 현재 인식과 야당을 비판했다. 이들은 구속자 석방, 해고자 복직, 집회 및 시위 · 언론의 자유 보장, 민중 생존권 보장 등을 주장했다. 오랜만에 듣는 시원한 소리였다.

• 7월 9일

시민과 학생 등 백만여 명이 서울 시청 앞에 운집한 가운데 고 이한열 열사의 영결식이 진행되었고 광화문 일대에서는 시위가 함께 전개되었다. 하지만 청와대로 가려던 군중들은 다연발 최루탄 때문에 뿔뿔이 흩어져야 했다. 왠지 6월의 열기가 찢어지는 듯한 불길한 느낌이 든다.

• 7월 10일

정부는 김대중 등 2,335명 사면복권, 357명 석방, 270명 수배 해제를 발표했다. 드디어 제2의 서울의 봄이 오는 건가.

• 7월 15일

MBC 기자와 프로듀서들은 '방송민주화추진위원회'를 구성하고, 당국의 지시성 프로그램 제작 · 송출을 거부하기로 결의했다. 6월 내내 시위대의 공격 대상이었던 언론계에도 봄이 오는 것 같다.

• 7월 17일

선거 혁명론

87년 당시 야당과 자유주의 지식인층이 선거를 통한 군부 정권의 교체를 통해 혁명이 가능하다고 주장한 것을 지칭한다. 하지만 칠레 아옌데 정권의 붕괴가 말해주듯이, 억압적 국가 기구의 파괴를 동반하지 않는 혁명이란 존재하지 않는다.

---

김대중이 대통령 불출마 선언을 번복했다. 실망이다.

• 7월 19일

노동공동위는 서울 동숭동 흥사단 강당에서 '노동기본권쟁취대회'를 개최하고 가두 투쟁을 전개했다.

이한열 열사 국민장

• 7월 21일

전국 28개 대학 교수 534명이 '민주화를 위한 전국교수협의회'를 창립했다.

• 7월 25일

부산 조선공사 노동자와 가족 3,500여 명은 어용 노조 해체와 해고자 복직 등을 요구하며 파업 농성에 돌입했다.

울산 현대자동차 노동자 6,000여 명도 파업 농성에 들어갔다.

• 7월 28일

종교계에서 선거를 통한 정권 교체를 이야기하기 시작한다. 기독교공동위원회는 국민의 무기가 선거라고 언급했다. 이를 이른바 '선거 혁명론'이라고 불렀다. 하지만 선거로 야당이 집권하는 걸 혁명이라고 부를 수 있을까. 6월 내내 투쟁과 협상 사이에서 동요하던 야당의 모습을 잊을 수 없지 않을까.

울산 현대중공업 노동자 1만 7,000여 명이 어용 노조 퇴진을 요구하며 파업 농성에 돌입했다. 부산에서도 국제상사 노동자 1,500여 명이 어용 노조 퇴진을 요구하며 파업 농성을, 전남 여천 호남에틸렌 노동자 360여 명 역시 기업 통합에 반대하는 농성을 시작했다. 전국에서 '어용 노조 퇴진과 민주 노조 건설' 흐름이 급물살을 타고 있다.

• 7월 30일

울산 현대미포조선소 노동자 1,800여 명이 근로 조건 개선을 요구하며 파업 농성에 돌입했다.

하지만 야당은 헌법 개정안 시안 마련을 위한 특별위원회를 구성하고 점차 국민운동본부에서 멀어지고 있다. 야당이 일방적으로 주도한 제8차 헌법 개정은 직선제와 권력 형태 문제 이외 문제를 모두 뒷전으로 미뤄버렸다. 자유와 평등, 재산권 행사와 공익, 갈등의 분쟁과 조정 같은 문제는 논의조차 제대로 되고 있지 않다. 오직 누가 대통령을 할 것이냐에 정신이 팔려 있는 것 같다. 6월에 거리에서 외친 민주주의는 이것이 아니었는데…….

• 7월 31일

한 달이 지나도 국민운동본부는 움직이지 않는다. 아직도 6월 승리의 감격에 젖어 있는 것인지, 아니면 아예 야당에 모든 정치적 역할을 다 맡기려는 심산인지 도무지 알 수가 없다.

국민운동본부는 전국적인 수해로 복구단을 3개 지역에 파견했다. 수해 복구도 중요하지만 앞으로 민주 개혁과 개헌 국면에서 무엇을 어떻게 할지 여전히 대책이 없다. 이것이 재야의 한계인가.

## 1987년 8월

• 8월 1일

국민운동본부는 전국적인 수해로 복구단을 3개 지역에 파견했다. 수해 복구도 중요하지만 앞으로 민주 개혁과 개헌 국면에서 무엇을 어떻게 할지 여전히 대책이 없다. 이것이 재야의 한계인가.

• 8월 3일

현대자동차 부산 공장 노동자 3,000여 명이 '울산노조결성보고대회' 후 파업 농성에 들어갔고, 울산 대우중공업 노동자 800여 명은 농성 중이며, 창원 현대정공 노동자 600여 명은 임금 인상을 요구하며 농성에 들어갔다. 대성탄좌 장성광업소 노동자 350여 명은 상여금 인상을 요구하며 파업 농성을 시작했고 한국은행원들은 헌법상 독립적 지위 보장 및 관련 법규 개정을 촉구하고 있다. 7월에 이어 8월에도 전국적인 노동 쟁의가 솟구치고 있다.

• 8월 4일

오늘은 국민운동본부 제1차 총회 날이다. 하지만 이날까지도 국본은 개헌 운동이나 향후 정치 일정에 대한 어떤 프로그램이나 행동도 내놓지 않았다. 기껏해야 수재 의연금 모금을 한 정도이다. 좀 한심하다는 생각이 들 정도다. 이날 총회에서는 하반기 목표를 '군사 독재 종식을 위한 선거 혁명'으로 정했다. 국본은 개헌 운동을 너무 일찍 포기해버린 것이 아닌가 싶다. 이제 남은 현대중공업 노동자 1만여 명은 어용 노조 퇴진과 임금 인상을 요구하며 다시 농성에 돌입했다. 태백시 어룡탄광 노동자 600여 명도 파업 농성에 들어갔다. 노동 쟁의 소식으로 눈코 뜰 새가 없다.

것은 잃어버린 국본의 정치적 주도성뿐이다.

• 8월 5일

창원 한국중공업 노동자 2,000여 명이 농성에 돌입했고, 정선군 석공함백광업소 노동자 600여 명도 근로 조건 개선을 요구하며 파업 농성에 들어갔다. 파업, 농성 등을 통해 모든 불법을 깨버리고 노동자들이 나서고 있다.

• 8월 6일

현대중공업 노동자 1만여 명은 어용 노조 퇴진과 임금 인상을 요구하며 다시 농성에 돌입했다. 태백시 어룡탄광 노동자 600여 명도 파업 농성에 들어갔다. 노동 쟁의 소식으로 눈코 뜰 새가 없다.

• 8월 7일

창원 마산 공단 내 (주)통일 · 기아기공 · 한일합섬 등의 노동자 3,000여 명이 파업에 돌입했으며, 대우중공업 안양 · 영등포 공장 노동자 1,000여 명도 파업 농성 중이며, 전주 27개 택시 회사 운전기사들은 전면 운행 거부와 연합 가두시위를 감행하고 있다. 80년대에 모습을 드러내지 않던 남부 지역 노동자들이 파업에 적극 참여하고 있다.

• 8월 8일

옥포 대우조선소 노동자 4,000여 명이 파업 농성에 돌입하고, 창원 공단 내 삼미종합특수강 · 삼미단조 · 창원기화기 노동자 700

여 명도 농성에 돌입했다. 울산 현대중전기 노동자 1,000여 명은 임금 인상 등을 요구하며 파업 농성을 시작했다.

• 8월 10일

신촌운수 기사 40여 명이 연좌 농성에 돌입하고 인천 대우자동차 부평 공장 노동자 1,500여 명도 파업 농성을 시작했다.

• 8월 11일

성남 시내 택시 기사들은 사납금 인하 및 임금 인상을 요구하며 2차 파업에 돌입했다.

• 8월 12일

부평 삼익악기 노동자 1,500여 명은 임금 인상과 어용 노조 퇴진을 요구하며 농성에 돌입했다. 한편 서울지하철공사노조가 결성되어, 위원장에 배일도가 선출되었다.

• 8월 14일

군산과 춘천의 27개 택시 회사 기사들은 파업 농성에 돌입했고, 대전 시내버스 노선 기사도 파업 농성을 시작했다. 한편 삼양교통 해고자 정병두 씨는 복직 및 살인적 배차제 폐지를 요구하며 분신을 시도했다.

국민운동본부는 노동 현장에 노동 쟁의 실태 조사단을 파견했다. 이제야 조사를 시작하는가.

• 8월 17일

노동공동위는 종로구 연지동 소재 기독교회관의 국민운동본부 사무실에서 국민운동본부에 정식 가입하기 위한 발대식을 가졌다.

같은 날, 울산 현대그룹 노동자 3만여 명이 휴업 조치에 항의하며 연합 가두시위를 전개했으며, 인천 영창악기 노동자 1,200여 명도 어용 노조 퇴진 투쟁을, 경동산업 노동자들은 임금 인상 및 민주 노조 쟁취 투쟁을 전개했다.

• 8월 21일

이제 공장에서 거리로 노동 쟁의가 확산되는 듯하다. 대우조선 노동자 2,000여 명은 회사의 휴업 조치에 반발해 오후 7시경에 가두로 진출하여, 다음날 새벽 2시 30분까지 가두시위를 벌였다.

• 8월 22일

노동자 열사가 노동 쟁의 과정에서 생겼다. 옥포 대우조선 노동자들이 가두시위를 하는 과정에서 직격 최루탄에 맞아 이석규 씨가 사망하고 말았다.

• 8월 25일

결국 여야 8인 정치 협상이 타결되었다. 하지만 이들의 의제는 권력 구조, 선거 규칙에 국한된 것이었다. 검열 폐지 등이 이야기되긴 했으나, 개헌의 근본 정신에 대한 논의는 거의 없었다. 이렇게 개헌도 보수 야당의 협상에 의해 물 건너가는 것인지……. 어쩌면 6월 항쟁 과정에서 가장 유능했던 그룹은 야당인지도 모르겠다. 그들은 손에 피를 묻히지 않고 정국의 주도권을 가져갔다. 참으로 역사는 역설적이다.

8인 정치 협상

6·29 선언 이후 여당인 민정당과 야당인 민주당은 7월 30일 각각 4인으로 구성된 8인 정치 협상 회의 기구를 만들고 협상에 들어갔다. 민정당에서 권익현, 이한동, 최영철, 윤길중이, 민주당에서 이중재, 이용희, 박용만, 김동영이 참여했다. 쟁점은 대통령 임기 문제였으나, 5년 단임으로 협상은 약 한 달 만에 타결되었다.

• 8월 26일

부평 대우자동차 노동자 300여 명은 회사 본관을 점거하고 어용 노조 해체와 민주 노조 쟁취를 주장하며 농성을 개시했다.

대구 택시 기사 4,000여 명도 연행자 석방을 요구하며 가두시위를, 창원의 한국중공업 노동자 1,000여 명 역시 연행자 석방을 요구하며 가두시위를 벌였다. 이제 노동 쟁의에서 가두 투쟁이 일반화된 것 같다.

• 8월 27일

어용 노조 퇴진 등을 요구하며 농성 중인 인천제철 노동자 700여 명도 중장비 5대를 앞세우고 가두시위를 벌였다.

• 8월 28일

또 한 명의 노동자 열사를 저세상으로 보냈다. 지난 22일 사망한 대우조선 '고 이석규 열사 민주국민장'이 1만여 명이 참가한 가운데 옥포에서 거행되었다. 하지만 운구를 망월동 묘지로 이송하던 도중, 경찰이 시신을 탈취했다. 왜 공권력은 마지막 가는 길까지 이래야 하는지. 이날 전국에서 933명이 연행되었다.

## 1987년 9월

• 9월 2일

노태우와 김영삼은 회담을 열어 정치 일정과 노사 문제의 자율

원칙 등 5개 항에 합의했다.

하지만 이런 합의와 달리, 노동 쟁의는 갈수록 심화되었다. 울산 현대정공 노동자 2,000여 명은 철야 농성을, 부평 대우자동차 노동자 1,000여 명은 지게차 3대에 자재 보관 상자 4개를 싣고 가두로 진출해 부평로 8차선 도로를 점거하고 20여 분간 격렬한 시위를 벌였다. 이제 자율 교섭이 아닌 공권력 개입이 시작되는 듯하다. 경찰은 이날 새벽에 삼척 탄좌정암광업소 농성장에 난입해 노동자 500여 명을 연행했다.

• 9월 20일

국민운동본부 산하 노동자공동위원회는 '노동운동 탄압 저지 및 진정한 민주화를 위한 노동자 결의대회' 를 개최했다. 이제야 대회를 개최하다니.

## 1987년 10월

• 10월 10일

김영삼 민주당 총재가 대통령 출마를 공식 선언했다. 후보 단일화도 이것으로 물 건너가나 보다.

• 10월 12일

대통령 중심 직선제 개헌안이 국회에서 의결되었다.

• 10월 13일

비판적 지지
87년 대통령 선거에서 김대중과 김영삼으로 야권 후보가 양분되자, 민통련은 상대적으로 진보적인 김대중에 대한 '비판적 지지'를 선언했다. 이후 비판적 지지론은 민중 운동의 독자적 정치세력화를 가로막는 장애물이 되었다.

민통련 중앙위원회는 김대중을 대통령 후보로 추천했다. 참 갑갑한 심경이다. 6월의 시위가 야당 후보에 대한 선택으로 좁혀져 가고 있다.

• 10월 19일

민정당과 민주당의 8인 정치 회담에서 대통령선거법, 국민투표법, 선거관리위원회법이 일괄 타결되었다.

• 10월 25일

고려대 운동장에서 '민주쟁취 청년학생 공동위원회 창립대회'와 '공정선거 보장을 위한 거국국민내각 쟁취 실천대회'가 개최되었다. 여기에서 1987년 대선 시기 단일화 후보로 김대중에 대한 비판적 지지를 천명하고 전대협과 서대협 등이 주축이 되어 '민주쟁취 청년학생 공동위원회'를 결성했다. '비판적 지지'라, 참 묘한 말이다.

• 10월 27일

대통령 중심 직선제에 관한 새로운 헌법안이 국민투표로 확정되었다. 찬성 93.1퍼센트.

• 10월 28일

평화민주당 김대중 고문이 대통령 출마와 신당 창당을 공식 선언했다.

• 10월 29일

천주교공동위원회에서도 선거를 통한 정권 교체를 공식적으로 몇 달 사이에 허무하게도 모든 문제는 '누가 대통령이 되느냐' 로 변해버렸다. 6월 항쟁에서 개헌이라는 이슈는 종교, 정당, 학생 등 모든 운동을 포괄할 수 있었다. 하지만 개헌이라는 최대공약수는 개헌을 넘어서는 운동이 진전할 수 없게 만든 걸림돌이 되고 말았다.

천명했다. 역시 종교계의 한계인가? 심지어 정권 교체에 반대하는 시도나 이견을 인정하지 않는 듯한 뉘앙스도 풍긴다.

• 10월 30일

최근 여론 조사 결과, 67퍼센트 정도가 야권 후보 단일화를 지지하고 있다. 국민운동본부를 포함한 민중 운동은 6월 이후 자신들의 주도권을 과도하게 평가했거나, 정당의 힘을 간과한 게 아닌가 싶다. 몇 달 사이에 허무하게도 모든 문제는 '누가 대통령이 되느냐' 로 변해버렸다. 6월 항쟁에서 개헌이라는 이슈는 종교, 정당, 학생 등 모든 운동을 포괄할 수 있었다. 하지만 개헌이라는 최대공약수는 개헌을 넘어서는 운동이 진전할 수 없게 만든 걸림돌이 되고 말았다.

### 1987년 11월

• 11월 1일

성균관대를 중심으로 '경인지역 민중정당 결성 및 민중후보 학생 추대위원회' 결성식을 개최했다.

• 11월 6일

대통령 후보 단일화 촉구 서명에 가담했던 민주당의 박찬종, 조순형, 홍사덕, 이철 의원과 가칭 평화민주당의 허경구 의원 등 5명이 소속 정당을 탈당했다.

백기완(1932~)

황해도 은율 출생으로 1967년 백범사상연구소를 설립하고, 60년대부터 재야 민주화 운동을 전개했다. 이후 87년 대선에서 제헌의회 그룹 등의 추대로 민중 후보로 출마했으나, 양김의 단일화를 촉구하며 사퇴했다. 1992년에도 민중 후보로 추대되어 대통령 후보로 나섰다.

---

• 11월 9일

민주당이 김영삼 총재를 제13대 대통령 후보로 추대했다. 이제 양김은 '갈 길을 가자' 는 이야기다.

• 11월 11일

11개 대학 학생들과 노동자, 재야인사들이 참석한 가운데 명동성당에서 '백기완 선생 대통령 후보 임시 추대위원회' 가 결성되었다.

백기완 ⓒ 노회찬

• 11월 12일

평화민주당은 후보자 지명 대회를 열고 김대중 위원장을 대통령 후보로 추대했다.

• 11월 15일

결국 국민운동본부와 야당이 갈라섰다. 진정 이 둘의 관계는 '불임의 결혼' 이었던가.

• 11월 20일

민통련은 각계 인사 3,000여 명과 함께 '김대중 선생 단일 후보 범국민추진위원회' 를 결성했다.

• 11월 23일

군정 종식 · 단일화 쟁취 국민협의회(국협)가 결성되었다.

## 1987년 12월

• 12월 1일

범국민결의대회에 참석한 학생들이 양김의 집과 평민당, 민주당 당사에서 후보 단일화를 촉구하며 농성에 돌입했다. 너무 늦은 행보인 것 같다.

• 12월 12일

백기완 후보는 대학로에서 개최된 '군정종식과 민주연립정부 쟁취 국민 총궐기대회'에서 민주 대연립 시도 좌절을 밝히며 후보 사퇴를 발표했다.

• 12월 16일

제13대 대통령 선거에서 결국 노태우가 당선되었다. 직선제는 쟁취되었지만 선거 결과 전국은 영남, 호남, 충청으로 사분오열되었다. 그리고 직선제 외의 민주화 요구는 해결되지 않고 남아 있다.

구로 구청에서는 공정 선거 감시단 소속 대학생 등 100여 명이 부재자 투표함 밀반출을 적발해 구 청사를 봉쇄하고 농성을 진행 중이다.

• 12월 18일

경찰은 부재자 투표함 사건과 관련해 구로 구청 점거 시위 3일째에 강제 진압을 강행해 915명을 연행했다.

문익환(1918~1994)
80년대의 대표적인 민주화 · 통일 운동가. 북간도에서 태어나 한국신학대를 졸업하고 1970년까지 목회 생활을 했다. 1976년 늦은 나이에 3 · 1구국선언 사건으로 투옥된 것을 시작으로 민주화 운동을 시작해 민통련 의장, 전민련 고문, 범민련 남측본부 결성위원장 등을 역임했다. 1989년에는 북한을 방문해 다시 투옥되었다.

• 12월 23일

민통련 문익환 의장은 1987년 대선 무효화 투쟁에 전 국민이 참여할 것을 호소하며 단식 투쟁에 돌입했다. 학생과 시민 1,000여 명이 광주 충정로 등지에서 선거 무효를 주장하며 시위를 벌였다. 하지만 선거 무효 투쟁을 하기에는 너무 늦었다는 느낌을 떨쳐버릴 수가 없다.

문익환 목사

## 또 하나의 죽음, 1986년 박혜정

박혜정. 국문과 83학번. 86년 봄, 한 개인으로서의 자신을 가장 극단까지 몰고 간 사람이었을 것이다. 대학 입학 후 세계문화연구회라는 동아리에서 활동하던 그는 2학년 2학기 중에 휴학한다.

85년 내내 자신의 용기 없음을 질책하며 지내던 박혜정은 86년 들어 학생 운동을 다시 시작하려 했으나 1년간의 공백으로 적절한 일을 찾기가 쉽지 않았다. 활동을 포기한 박혜정은 곧이어 김세진, 이재호의 죽음과 맞닥뜨리게 된다. 오랫동안 열심히 살지도 못하면서 죽을 수도 없는 자신의 용기 없음을 질책해온 그가 두 사람의 죽음 앞에서 자신에게 어떤 심판을 내렸을지 짐작하는 것은 그리 어렵지 않다.

5월 20일에는 이동수가 "미제는 물러가라"고 외치며 학생 회관에서 투신했다. 이후 벌어진 시위에 참여한 박혜정은 사람들과 밤새 술을 마셨다. 평소 외박은 생각도 못했던 그가 21일 아침에도 집에 들어가지 않고 친구 집으로 갔다. 저녁 8시까지 누워서 책도 보고 뭔가를 쓰다가 10시경 친구 집을 나선 그는 23일 한강 유역에서 주검으로 발견되었다. 유서로 다음과 같은 글을 남겼다.

> 숱한 언어들 속에 나의 보잘것없는 한 마디가 보태진다는 게 무슨 의미가 있겠니?
> 그러나 다른 숱한 언어가 그 각각의 것이듯, 나의 언어는 나의 것으로, 나는 나의 언어로 말할 수 있겠지.
>
> 뭘 할 수 있겠니, 내가?
> 지긋지긋하게 싫더라도 어쩔 수 없음을 네가 모르지 않을진대,
> 요구하지 마, 요구하지 마! 강요하지 말 것.
> 구체적인 것이다, 산다는 건. 살지 않더라도, 사는 것 같지 않더라도, 숨 쉬는 건 구체

적인 것이다. 허파와 기관지와 목구멍과 코와 입으로 숨 쉬고 있지 않니?
어떻게 우리가 관계를 끊고 살까? 없었던 걸로?

떠남이 아름다운 모든 것들.
괴로운 척, 괴로워하는 척하지 말 것.
소주 몇 잔에 취한 척도 말고, 사랑하는 척, 그래, 이게 가장 위대한 기만이지.
사랑하는 척, 죽을 수 있는 척.
왜 죽을 수 없을까? 왜 죽지 않을까? 왜 자살하지 않을까?
자살하지 못하는 건, 자살할 이유가 뚜렷한데 않는 건 비겁하지만, 자살은 뭔가 파렴치하다. 함께 괴로워하다가, 함께 절망하다가, 혼자 빠져버리다니. 혼자 자살로 도피해버리다니.
반성하지 않는 삶. 반성하기 두려운 삶. 반성은 무섭다. 그래서 뻔뻔스럽다.
낯짝 두꺼워지는 소리…….

아파하면서 살아갈 용기 없는 자, 부끄럽게 죽을 것.
살아감의 아픔을 함께할 자신 없는 자, 부끄러운 삶일 뿐 아니라 죄지음이다.
절망과 무기력.
이 땅의 없는 자, 억눌린 자, 부당하게 빼앗김에 대한 방관, 덧보태어 함께 빼앗음의 죄.
더 이상 죄지음을 빚짐을 감당할 수 없다.
아름답게 살아가는 모든 이들에게 부끄럽다.
사랑하지 못했던 빚 갚음일 뿐이다.
앞으로도 사랑할 수 없기에.
욕해주기를……모든 관계의 방기의 죄를.
제발 나를 욕해주기를, 욕하고 잊기를…….
1986년 5월 박혜정

# 5장

# 잊어서는 안 될 6월 항쟁 내부
## —명동 성당 농성과 그 후

앞의 두 장에서 나는 자료에 기초한 역사적 상상력을 동원해 서로 다른 위치에 있던 네 사람——대학생 출신 노동자, 대학생, 배달 노동자, 기자——이 87년 6월을 전후한 시기에 대해 가지고 있는 기억을 이야기로 만들어보았다. 이들의 기억은 87년 6월에 대한 서로 다른 이야기를 보여주었고, 기억 간의 충돌도 있었다.

5장에서는 앞에서 본 다양한 기억과 이야기를 해석하는 의미에서, 87년 6월 안의 균열을 다룰 것이다. 나는 87년 6월 안에 존재했던 '다른 시민들'의 모습에 주목하고자 한다. 6월 항쟁의 주체라고 했을 때 흔히 연상되는 것은 중산층, 직선제와 정치 개혁을 원한 개인과 집단 등이다. 그러나 6월 안에는 이들 외에 노동자와 도시 빈민 등 잘 기억되지 않는 주체들과 드러나지 않은 균열과 모순도 존재했다. 특히 87년 6월의 중심에 있던 명동 성당 농성 안에서의 균열을 통해 왜 87년 6월이 직선제 개헌과 대선 후보를 둘러싼 문제로 귀결되어버렸는지, 다른 대안 모색의 가능성은 없었는지 살펴보려 한다.

독자들 가운데는 이 장의 내용을 보며 거대한 민주화 물결인 87년 6월을 비관적으로 본다고 불편해하는 이들이 있을 것이다. 나는 사실 독자들이 그 불편함을 느끼게 하는 것을 목표로 하고 있다. 무릇 이론이란 제3자 입장에서의 평가가 아니라, 대중이 이미 알고 있지만 넘어서기 어려운 문제에 집중해서 대중 스스로 그 경계를 넘도록 도와주는 것이라고 나는 믿는다. 그것이 이론적 개입이 지니는 힘이다.

다시 말해서 87년 6월 항쟁과 그 안의 운동 및 참여 대중의 요구와 자율성에 대한 지나친 낙관보다, 이들이 넘어서지 못한 지점에 주목해야 하는 것이 이론의 역할이다. 이런 점에서 이론은 지극히 비관주의적이어야 한다. 이론이 현실의 낙관만을 비출 때 대중으로 하여금 환상에 빠져들게 하는 '비극'을 초래할 수 있다. 이 점에서 5장은 87년 6월을 신비화하는 것 또는 신비화된 87년 6월을 해체하고, 과연 운동의 지도부와 대중의 난제難題가 무엇이었는지 드러내는 작업, 즉 이른바 87년 6월 항쟁 이데올로기에 대한 '뒤집어 읽기'이다.

---

* 5장의 내용은 "87년 민주화 과정에서 시민 주체의 재구성"이라는 제목으로 《문화사회》 제3호(2009년)에 기고한 글을 수정한 것이다.

1

# 하나의 항쟁, 두 개의 시민?

한국 현대사에서 '시민市民'이라는 말은 낯선 용어다. 서구적인 의미의 근대 부르주아지와 달리, 1945년 국민국가 건설을 둘러싼 내전 상황을 거치며 한국에서 시민은 '국민國民'이라는 다른 이름으로 불려왔다. 남한과 북한 간의 내전civil war을 통해 시민 사회 내 구성원들은 자율적인 주체가 아니라 국가에 종속된, 국가에 의해 동원되는 주체인 국민으로 호명되었다. 이처럼 전쟁을 통해 공포의 대상으로 자리 잡은 국가에 의해 시민 사회가 극도로 위축된 구조적 조건 아래서 시민이라는 이름은 낯선 단어가 되었다.

시민이라는 용어가 부활한 것은 80년대, 특히 87년 6월 항쟁과 7~9월 노동자 대투쟁이라는 역사적 계기를 통해서였다. 물론 당시 투쟁에서도 '시민 대회'라는 용어보다 '국민 대회'나 '국민 여러분' 등의 용어가 빈번하게 사용되었다. 국민, 대중, 민중 등 여러 용어가 중첩되어 사용되었지만, 시민이나 민주 시민

내전과 한국 전쟁

한 국가 내에서 상이한 지향과 성격을 지닌 세력 간의 전쟁을 내전이라고 한다. 한국 전쟁 역시 식민지 시기 이념과 사회적 지향이 상이한 세력 간의 갈등의 연장으로 이해할 수 있다.

국가 대 시민 사회

권위주의 시기 한국 사회의 대립 구도는 억압적인 국가와 이에 대항하는 시민 사회로 설명되었다. 그러나 87년 민주화 이후 시민 사회의 분화가 이루어지면서, 이러한 대립 구도는 설명력을 잃었다.

---

은 학생이나 지식인 이외의 사회 집단을 의미했고, 특히 87년 6월 항쟁에서 참여 폭이 확장됨에 따라 시민 사회 내 '저항적 주체'라는 의미로 사용되었다. 단적인 예로, "민주화를 위한 학생, 시민의 명동 성당 투쟁을 적극 지지한다"(민주헌법 쟁취 국민운동 문화인 공동위원회, 6월 13일)나 "명동 성당에서 농성 4일째를 맞이하는 우리 민주 시민, 학생은 군부 독재 정권의 작태와 음모를 규탄하며, 군부 독재의 완전한 종식과 호헌 철폐를 위해 끝까지 투쟁할 것을 다시 한번 천명한다"(명동투쟁 민주시민 · 학생 일동, 6월 13일), 그리고 "우리는 현재 명동 성당에서 평화적으로 민주화에 대한 국민의 소리를 대신하고 있는 시민, 학생들의 농성의 정당성을 인정하고 이를 적극 지지한다"(민주 · 통일 민중운동연합, 6월 13일) 같은 글들은 침묵하는 국민과 지식인 · 학생층과 구분되는 시민 사회 내 저항적 영역을 대표하는 개인 내지 집단을 호명한 것이었다.

이처럼 시민은 억압적이고 과대 성장한 국가 권력에 대항하는 시민 사회 내 저항적 주체로 인식되었다. 이런 맥락에서 일각에서는 87년 민주화를 '억압적 국가' 대 '저항적 시민 사회' 간의 대립 구도로 파악하기도 한다. 6월 항쟁에서 여러 운동 세력이 개헌이라는 공동의 목표를 가지고 결합했고 거기에 참여한 주체들 역시 계급을 초월한 시민들이었으며 이들의 계급 연합은 인권 등 민주주의의 가치를 기반으로 했다는 것이 그 논거이다.

87년 민주화 과정의 주체는 한편으로는 학생, 교회 단체, 재야 그리고 넥타이 부대라고 불린 중산층이었고, 다른 한편에는 1960년대 이후 시민 사회 내 구성원으로서의 기본 권리조차 박탈당했던 민중 그리고 노동자 계급이 존재했다.

물론 87년 민주화 과정에서 국민운동본부 등 매개 조직에 의해 개헌 의제를 중심으로 투쟁이 확산되었고, 민주주의를 둘러싸고 시민 사회 내에 일시적인 '공동체'가 형성된 것도 일면의 진실이다. 하지만 실제 87년을 전후한 역사적 과정에서 시민과 시민 사회가 국가 그리고 국가를 둘러싼 사회 관계 속에서 진보적 · 저항적 역할만을 일관되게 담당했던 것은 아니다. 시민이라고 불렸지만 87년 민주화 과정의 주체는 한편으로는 학생, 교회 단체, 재야 그리고 넥타이 부대라고 불린 중산층이었고, 다른 한편에는 1960년대 이후 시민 사회 내 구성원으로서의 기본 권리조차 박탈당했던 민중 그리고 노동자 계급이 존재했다. 문제는 87년 6월 동안 호헌 철폐 · 직선제 쟁취 투쟁 과정에서 이들이 '하나의' 시민으로 존재하지 않았으며, 노동 기본권의 법적 · 제도적 보장을 외쳤던 다른 시민들도 공존했다는 사실이다.

표면적으로 이들 주체들은 연속적으로 87년 이후 민주화를 주도한 것처럼 보이지만 실제 모습은 그렇지 않았다. 정확하게 말하면 87년 6월 항쟁을 중심으로 한 직선제 쟁취 투쟁이 일단락된 뒤, 이 투쟁을 이끌었던 일단의 시민들은 일상으로 복귀했다. 그러나 다른 한편 7~9월을 기점으로, 그동안 병영적 노동 통제와 비인간적 차별에 시달리던 노동자들은 거리와 작업장에서 자신들의 권리를 외치기 시작했다. 87년 6월 항쟁과 노동자 대투쟁이라고 불리는 두 사건은 연속적이지 않았다. 비록 87년 6월 당시 노동 기본권과 민중 생존권이라는 항목이 거리에서 함께 외쳐졌지만, 그 목소리는 호헌 철폐와 직선제 쟁취라는 큰 목소리에 묻혀버리고 말았다. 또 6월 거리에서 군부 독재 타도를 외치던 학생들과 넥타이 부대도 여름 동안 전국 곳곳에서 봇물처럼 터져 나온 노동자들의 외침보다 '대선'이라는 제도 정치로 함몰되고 말았다. 1987년 그리고 오늘날 시민이라고 불리는 주체는 적어도 현실에서는 통합적인 주체도, 용어도 아니었던 것이다.

87년 노동자 대투쟁 ⓒ 민주노총 경남지역본부

5장에서는 87년 민주화 과정에서 시민이라고 통칭되던 통합된 주체가 실제 역사 속에서 어떻게 균열되었으며, 그 균열이 이후 민주화의 역진逆進에 어떤 영향을 미쳤는지 다루어보고자 한다. 이를 통해 흔히 '시민 혁명', '전민 항쟁' 등으로 불려온 87년 역사에 대한 기존 인식이 얼마나 허약한 것이고 87년의 '시민 혁명' 혹은 '시민 주체'를 중심으로 80년대 역사를 구성하는 것이 얼마나 허구적인 일인지 살펴볼 것이다.

## 2

# 국민, 시민 그리고 민중

한국 전쟁 이후 87년 이전까지, 억압적인 국가에 의해 시민 사회가 위축되는 상황이 지속되어왔다. 8 · 15 해방 직후 급속하게 팽창했던 시민 사회는 트루먼 독트린, 국제 사회의 냉전 그리고 남한 내 계급 갈등 격화 등 국내적 · 국제적 내전을 거치며 급속하게 위축되었다. 이에 노조, 사회단체 등 사회적 이해를 대표하는 자발적 결사들은 겉으로는 그 모습을 감추게 된다. 여기서 주목할 점은 당시에는 시민이라는 용어를 거의 찾아볼 수 없었다는 사실이다. 이 시기에는 좌우를 막론하고 시민 사회 구성원들을 시민이라는 말 대신 민중 혹은 인민이라는 용어로 규정했다.

1948년 남북한 분단 체제가 제도화되고, 1953년 한국 전쟁이 휴전으로 접어들게 되자 상황은 변화한다. 1950년대에 시민 사회는 사인적인 국가 기구의 과대 팽창으로 인해 급속하게 위축되었다. 이 무렵부터 노조와 사회단체 등은 국가와 민족에 반하는, '사익'을 대변하는 사회악처럼 여겨졌다. 역설적으로 1950

국가 기구

프랑스의 마르크스주의자 알튀세르Louis Althusser는 국가는 자본주의적 사회 관계의 재생산을 위해 하위 국가 기구를 둔다고 말했다. 구체적으로 경찰, 군 같은 억압적 국가 기구와 학교, 정당, 교회, 노조 같은 이데올로기적 국가 기구로 구성되어 있다고 주장했다.

새마을 운동

70년대 박정희 정권 치하에서 진행된 농촌 재건 운동을 가리킨다. 초기에는 농가 소득 증진 운동이었으나 점차 근면, 자조, 협동 등 농촌 의식 개조 운동으로 변모했다. 이후 도시, 직장, 공장 단위로 확산되었다.

년대에 사회단체들은 국가 권력이 위로부터 적극적으로 동원하는 '국가 기구state apparatus'로 자리 잡았다. 조합원의 이익과는 상관없이 정부 주도의 반공 투쟁에 동원되었던 대한노총이 대표적인 예이다. 이런 상황에서 국가와 시장으로부터 자율적인 주체로서의 시민이라는 용어가 정착되기는 어려웠다.

그렇다면 1960년대 이후 상황은 변했을까? 4 · 19 직후에도 시민이라는 용어는 거의 사용되지 않았으며 국민, 백성 등의 용어가 사회화되었다. 특히 5 · 16 군사 쿠데타로 집권한 박정희 정권은 서구식 민주주의와 시민권에 강한 반감을 품었다. 이들은 서구식 민주주의의 가치와 제도는 한국 사회에 맞지 않는다며 민족과 국가에 종속된 민民으로서 '국민'을 강조했다. 박정희 시기 민주주의는 행정적, 민족적, 한국적 같은 수식어가 붙기는 했지만, 국가와 시장으로부터 자율적인 개인이라는 의미는 고려되지 않았다. 당시 정권이 보기에 시민 사회 구성원은 근대화와 부국강병이라는 민족과 국가의 목표에 동원되는 '객체'에 불과했다.

다만 주목할 점은, 이 시기 국가가 추진한 위로부터의 대중 동원, 대중에 대한 호명이 허구적이지만은 않았다는 사실이다. 당시 재야 진영과 지식인은 박정희 정권의 새마을 운동에 대해 전시 행정, 상징 조작, 이미지 정치라고 비판했다. 하지만 새마을 운동은 농촌에서 마을 부녀와 이장 등 중간 지도자에게 소규모

《사상계》
1953년 장준하가 인수해 창간한 종합 시사 월간지이다. 50년대부터 야당지 역할을 했으며, 이념적 성격은 식민지 시기 서북 문화민족주의자들과 유사했다. 박정희 집권 이후에도 반정부적 성향을 띠었으나, 70년 김지하의 '오적 사건'으로 폐간되었다.

민중론
민중론은 70년대에 민중사회학, 민중신학 등 다양한 형태로 등장했다. 초기 민중론은 산업화에 따른 사회적 양극화를 조정하려는 흐름으로 나타났으며, 광주 민중 항쟁 이후 80년대에 변혁 주체로서의 민중론이 정립된다.

공동체 공간 내 리더십을 부여함으로써 이들로 하여금 '국가와의 일체감'을 형성하게 했다. 농민 스스로 마을 개선, 근검 절약 등 국가가 지향하는 가치에 몰입하는 '국민 주체'로 자신을 동일시하게 했던 것이다. 따라서 새마을 운동은 위로부터 일방적으로 농민을 동원한 전시 행정이 아니라, 농민 스스로 자신이 국가의 일원임을 자각하고 행동하게 만든 이데올로기적 기제라고 평가할 수 있다.

다른 한편 시민 사회 구성원의 '국민화'는 당시 지형 속에서 사회 운동 진영조차 거스르기 어려운 조건이었다. 당시 학생 운동과 노동 운동은 무의식적으로 시민보다 국민이라는 표현을 썼으며, 1960년대 비판적 언론을 대표하는 잡지 《사상계》조차 민족과 국가의 가치에 종속된 국민이라는 용어를 빈번하게 사용했다. 그러나 70년대 초반 압축적인 산업화에 따른 도시 빈곤 및 양극화, 노동 문제가 전태일 열사의 분신 이후 촉발되자 일부 지식인이 '민중론'을 제기했다. 하지만 주류 민중론은 민중 현실에 대한 공감empathy에 근거하기보다, 현실에 존재하는 민중에 대한 사회적 공포를 반영하는 방식으로 진행되었다.

《사상계》 표지

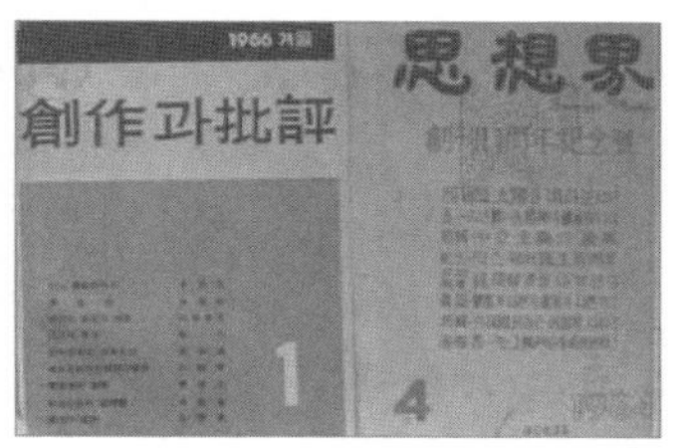


대표적인 예가 1971년 광주 대단지 사건 당시 정부가 도시 빈민에 대해 보여준 태도이다. 정부는 '도시 하층민 밀집 주거지=사회 불안 요소'라고 생각했다. 광주 대단지 사건 직후 정부가

공감
공감이란 자기 자신과 연관되지 못한 문제에 자기 감성을 개입해 '자기화' 하는 과정을 의미한다.

구빈원
구빈법의 적용을 받는 빈민에게 일자리를 제공하거나 수용해 생계 수단을 제공하던 기관을 말한다. 17~19세기에 영국에서 출발했으며, 점차 고아 · 정신병자 · 범죄자도 수용했기 때문에 교도소 같은 교정 시설과 구별하기가 어려워졌다.

주모자 구속 등 강경 조치를 취한 것은, 4 · 19 이후 도시에서 대규모 시위가 존재하기는 했지만 학생 시위의 연장일 뿐 도시 하층민이 주도한 봉기는 아니었기 때문이다. 사건 직전 정부가 작성한 보고서 〈광주 대단지 철거민 현황, 문제점 및 대책〉을 보면 대단지 주민들에 대해 "식생활에 쪼들린 나머지 대부분의 주민들은 신경질적이며 저녁에 폭행 등 싸움이 많음"이라고 기록하고 있다. 이러한 인식은 당시 국회 입법 조사관이 작성한 보고서에서도 확인할 수 있다.

> ……유독 못사는 철거민만을 이주시키려고 하는 것은 합리적인 해결책이 되지 않을 뿐만 아니라 무모하기 짝이 없는 정책이 아닌가? 그 이유는 첫째, 못사는 다수의 민중을 한곳에 결집시켜놓으면 반란 세력을 구축하기 용이하고 폭동의 흥기興起가 쉽다……세계 어느 곳에서도 찾기 힘든 불량하고 불미스런 도시가 되지 않을까 우려되기 때문이다……*

이처럼 구빈원 속에 던져진 도시 하층민들은 위험 분자, 무지한 존재, 딱지를 찾아 몰려든 주변인으로 여겨졌고, 아무런 도시 기반 시설이 없는 지역에서 하루하루 분노를 삭이며 살아가야

* 이상민, 〈빈민 집단의 사회 정책적 성격〉, 《정경연구》 10월호(한국정경연구소, 1971), 31쪽

크리스천아카데미
1959년 한국기독교사회문제연구회로 출발하여 1965년 재단법인 크리스찬아카데미가 설립되었다. 70년대 들어 산업 사회, 농촌, 여성 등 각 분야의 중간 집단 육성 교육을 활발하게 전개하다, 1979년 크리스찬아카데미 사건으로 간사 6명이 구속되기도 했다. 2000년대 들어 재단 명칭을 대화문화아카데미로 바꾸었다.

했다.

한편 민중사회학, 민중론 등을 주장한 지식인들은 시민 사회 내부의 고통 받는 노동자, 빈민, 농민 등 민중 현실에 대한 자기 동일시라기보다, 이들이 현실적인 사회 세력으로 변할 경우 나타날 수 있는 '사회적 양극화'에 대한 공포감을 민중론을 통해 드러냈다. 크리스천아카데미의 중간 집단 양성 프로그램의 경우에도 노동자, 농민, 여성 등 중간 집단의 양성을 주요 목표로 삼았지만, 실제로는 양극화 위험이 존재하는 한국 사회에서 중간 집단이 파국적인 상황을 방지하는 '양극화의 가교' 역할을 할 것을 주문했다. 다시 말해서 당시 민중론은 80년대 지식인에 의해 발명되고 재구성된 민중론과는 다른, 서구식 자유 민주주의 사회를 궁극적인 지향으로 삼는 덜 서구적인 한국 사회에 대한 열등감을 반영한 것이었다. 이 점에서 이들의 민중론은 시민 사회 내 자율적인 주체로서의 민중 혹은 시민을 지향한 것이 아니라, 반공주의와 사회 통합 유지를 위한 '예방 혁명적 의미'의 민중론이었다.

다른 한편 1979년 박정희 체제가 부마항쟁과 YH 여성 노동자들의 신민당사 농성 등 밑으로부터의 저항에 의해 붕괴되면서 시민 사회 내 주체에 대한 인식이 조금씩 변하기 시작했다. 계몽의 대상이 아니라 현실적인 민주화 주도 세력이라는, 민중에 대한 초보적 인식이 확산된 것이다. 이러한 배경 위에서 80년 서울

전민노련과 전민학련
전국민주노동자연맹과 전국민주학생연맹의 약어이다. 이태복 등이 70년대 노조 운동의 조합주의적 성격을 비판하며, 과학적 운동 이념을 중심에 두고 대중 조직을 구성하려는 의도에서 결성한 조직이다.

의 봄 당시 어용 노조인 한국노총에 대한 민주화 투쟁 등과 더불어 전민노련, 전민학련 등 과학적 사회주의 이념에 기초한 조직 운동이 맹아적 형태로 나타나게 되었다.

도시 빈민, 철거민들의 민주화 열기도 거리로 쏟아져 나왔다 (이한열 추모 사진집)

그러나 무엇보다도 저항 운동에서 시민 사회 내 주체에 대한 근본적인 인식 전환을 가져온 계기는 80년 5월 광주 민중항쟁이다. 80년 5월 다단계 쿠데타로 집권한 신군부는 민주화 운동을 완전히 고사시키기 위해 광주 지역에 대한 전면적인 탄압을 자행했다. 초기에 광주 항쟁은 학생 운동을 중심으로 한 일반 민주주의 수준의 투쟁이었다. 그러나 신군부의 광주 시민에 대한 탄압과 학살, 그리고 이데올로기적 국가 기구를 통한 광주 시민에 대한 고립은 역설적으로 광주를 과거와 다른 공동체로 만들었다. 항쟁이 급진화되면서 나타난 시민군, 시민 사회 내 민중과 지식인을 중심으로 구성된 공동체는 한국 사회 변혁 운동이 앞으로 나아가야 할 방향을 제시해준 일대 사건이었다. 특히 항쟁 시기에 사용된 '시민'이라는 용어는 여러 가지 함의가 있었다. 시민은 국가로부터 자율적인 자기 결정의 주체이며, 동원의 대상이 아니라 정당성이 결여된 국가에 대항하는 저항적 행위자로

노학 연대
1980년대 초반 지식인과 노동 계급 사이의 연대 혹은 동맹을 가리키는 용어이다.

변혁 주체론
1970년대 소시민적인 민중론을 극복하고 노동자 계급과 민중을 당면 한국 사회의 변혁 주체로 상정하는 흐름을 통칭한다.

---

변화했다. 동시에 민주화를 위한 계급 연합으로서의 시민 공동체를 의미하기도 했다. 광주에서의 폭력의 기억을 통해 사회 운동은 지배 집단의 가치를 오염시키고 자신들의 투쟁을 악惡에 대항하는 성스러운 것으로 위치시켰다. 그리고 이를 통해 80년대 사회 운동은 운동의 정당성을 지속적으로 확보했다.

그 후 구로 동맹파업, 서노련 같은 정치적 노동 운동이 등장하면서 민중은 노학 연대, 현장론 등의 형태로 확장되었으며 이 과정에서 민중론은 '변혁 주체론'이라는 과학적 용어로 사용되었다. 이 점에서 80년대 민중은 역사적 실체라기보다 70년대 소시민적 사회 운동 주체론의 한계를 극복하기 위해 만들어진 것이라고 할 수 있다. 민중의 발명을 통해 공식적인 지배적 내셔널리즘과 충돌함으로써 국가에 의해 제시된 국가 정체성에 지속적으로 문제를 제기했던 것이다. 그리고 이 과정에서 시민은 다시 수면 아래로 가라앉았다. 그렇다면 87년 6월 당시 시민은 어떤 방식으로 존재했는지 구체적으로 살펴보자.

3

# 두 개의 시민, 87년 6월의 갈라짐

87년 6월 항쟁은 제한적이기는 하지만 시민들의 밑으로부터의 저항을 통해 민주주의를 실현한 것이었을까? 87년 6 · 10 이전에 시민들은 사회 운동과는 거리를 둔 방관자에 가까웠다. 특히 86년을 전후해 5 · 3 인천 항쟁과 건국대 항쟁 등 학생 운동과 변혁 운동이 급진적 성격을 띠고 이에 대한 국가 권력의 탄압이 노골화됨에 따라 운동 세력과 시민 사회 간의 간격은 좁혀지지 않았다. 오히려 운동 진영은 시민 사회 내 주체들로부터 '고립'된 상황이었다. 특히 학생 운동은 건대 항쟁 이후 주요 인물들이 구속, 투옥되면서 크게 위축되었다. 건대 항쟁 직후 한양대는 84학번 활동가 100여 명 가운데 50명이 구속되어 학생회 선거에 후보를 내야 할지 고민할 정도였다. 서울대도 이른바 '구학련 사건' 이후 공안 당국이 "서울대 학생 운동권은 향후 10년간 재기 불가능이다"라고 공언할 정도로 심각한 상황이었다. 87년 서대협 의장이었던 이인영도 당시의 분위기를 "무덤 속에 고립된 느낌"이라고

구학련(구국학생연맹)

초기 구학련은 '단재사상연구회'에서 시작되었는데, 학생 운동의 기본 틀인 서클 체계 해체, 종파주의 척결, 학번제 철폐 및 운동 조직의 봉건적 잔재 해소를 주장했다. 1986년 3월 29일 서울대 자연대 건물에서 100여 명의 학생들이 모여 구국학생연맹 결성식을 가졌다. 구학련은 민족해방민중민주주의혁명론(NLPDR)에 기초해 투쟁 영역을 반미자주화투쟁, 반파쇼민주화투쟁, 조국통일촉진투쟁으로 구분해 전개했지만 건국대 항쟁 이후 사실상 해체되었다.

회고할 정도로 앞선 시기 소수의 선도적 투쟁은 오히려 대중을 배제하는 동시에 스스로를 고립시키는 결과를 초래했다.

이런 상황을 서대협 지도부는 '대중 노선'을 통해 돌파하려고 했다. 학회와 합법적 학술 문화제 활성화, 초보적인 문화 선동대 조직, 학생회 출범식을 투쟁 선포식이 아닌 대동제와 축제 형식으로 조직하는 것이 대표적인 예였다. 서대협은 이런 대중 노선 기조 아래 6 · 10을 준비해갔다.

6 · 10을 준비하는 과정에서 운동 주체들은 6 · 10과 그 이후의 투쟁이 그토록 강한 반향을 일으키리라고는 예상하지 못했다. 각급 학생회 단위가 기자 회견, 삭발 결의, 단식, 혈서 등을 준비하고, 박종철 열사의 죽음 이후 다양한 형태로 존재하던 대책위원회들이 국민운동본부로 결집해 6 · 10 투쟁을 준비하면서도 권위주의 정권에 맞서 거리의 정치가 현실화될지에 대해서는 반신반의하고 있었다.

국본은 당시의 운동 조건을 반영해, 즉 이전 시기의 급진적 요구와 주장, 거리 폭력 투쟁 등에 대한 우려 때문에 요구 수준과 투쟁 방식을 크게 하향 조정했다. 당시 국본은 행동 지침을 적은 전단을 30만 부 정도 배포했는데, 그 내용을 보면 추모 묵념, 검은 리본 착용, 추도 타종, 9시 땡전 뉴스 거부, 전 국민 전화 걸기 등이었다. 또 일반 대중의 동참을 위해 운동 가요 대신 애국가와 〈우리의 소원은 민주〉를 사용했다. 투쟁 슬로건도 '고문 정권 타

상상적 동일시
프랑스의 정신분석학자이자 철학자인 라캉Jaques Lacan이 제시한 개념으로, 우리가 되고자 하는 이미지와 우리 자신을 동일시하는 것을 뜻한다.

도, 호헌 선언 분쇄, 민주 정부 수립, 민주 헌법 제정' 등으로 했고, 투쟁 방법에서도 비폭력 평화주의를 천명했다.

그런데 운동 진영이 예상하지 못한 놀라운 일이 6 · 10 투쟁을 통해 일어났다. 투쟁을 개시하기로 한 6월 10일 오후 6시에 대중이 결집하지 않자 지도부는 실패로 오인했으며, 정권도 6 · 10 투쟁을 일부의 일시적인 반감 정도로 오판하고 있었다. 그러나 6시 이후 시내 곳곳 골목에서 약식 소규모 집회를 마친 수많은 인파가 거리로 몰려나왔고, 그동안 투쟁에 적극 동참하지 않았던 시민들이 전투 경찰을 비롯한 억압적 국가 기구의 시위대 탄압에 대응해 자발적으로 들고일어나기 시작했다. 당시 학생 운동 지도부는 이전에는 한 번도 경험해보지 못한, 수만 명의 대중이 거리에 운집한 상황에 당황했다.

이러한 거리 정치의 개화開花는 여러 의미가 있었다. 타종, 애국가, 만세 삼창, 경적 시위, 구호, 행진, 연좌, 거리 토론 등은 즉흥적인 행동이었지만, 이를 통해 집단적 열광과 집단행동을 고취시켰다. 집단적인 수준에서 참여자들 간의 일시적 공동체를 형성한 것이다. 참여 주체들은 시 · 공간을 초월해 다른 민주주의 투쟁에 참여했던 주체들과 만나고 있다는 상상적 동일시를 느꼈고, 일상의 영역에서 자신과 다른 자신을 발견함으로써 집단적 소속감을 강화했다. 더불어 박종철 · 이한열 열사의 장례 투쟁은 희생자 개인을 '열사'로 재구성하는 상징 의례를 통해 죽음을 사회화함으로써 거리의 정치를 폭발시킨 운동 기제였다.

그렇다면 87년 6월 항쟁은 민주주의를 향한 시민의 투쟁, 즉 억압적 국가에 맞선 시민 사회의 전민 항쟁이었을까? 그러나 흔히 시민 항쟁이라고 불리는 투쟁의 영역 속에서 서로 다른 주체와 이들에 대한 다양한 시각이 존재했다. 6월 항쟁 당시의 명동 성당 농성 투쟁, 국본과 서대협의 노동자 운동에 대한 태도 그리고 평화-비폭력 투쟁이라는 담론을 중심으로 이 문제를 살펴보자.

## 명동 성당, 6일간의 기록

1987년 명동 성당 농성에 대한 가장 훌륭한 기록물은 김동원 감독의 다큐멘터리 〈명성, 그 6일간의 기록〉(푸른영상, 1997)이다. 이 글도, 특히 명성 투쟁에 관한 서술은 이 작품에 크게 의존했다. 명동 성당에서의 농성 투쟁은 87년 6월 항쟁의 상징이자 명동 성당을 거점으로 한 투쟁 주체 확산에 결정적인 역할을 했다. 특히 서울에서 투쟁 확대에 중요한 역할을 한 화이트칼라 노동자들인 '넥타이 부대'는 점심시간과 휴식 시간을 이용해 명동 성당 주변에 결집했다. 구체적인 과정을 살펴보면, 6월 10일 명동 주변에서 투쟁하던 학생, 시민 등은 명동으로 진입하려던 전투경찰을 막아내는 과정에서 우발적으로 명동 성당을 경계로 투쟁을 전개하게 되고 성당 앞에 바리케이드를 치고 대중 집회를 조직했다. 이 와중에 성당에서 농성하던 상계동 철거민과 결합해 새벽 3시경부터 760여 명이 중심이 되어 농성에 돌입하게 된다. 6 · 10 투쟁이 하루에 국한되어 기획된 투쟁이었기에 농성자들이 체계적인 집행부를 구성하는 것이 쉽지 않았지만, '계획되지 않은 투쟁일지라도 새로운 투쟁 구심점의 필요성', '성지로서의 명성의 완벽성' 등이 제기되면서 농성을 계속하자는 주장이 다수를 차지하게 되었다.

다음 날 농성단은 전두환, 노태우 등에 대한 화형식을 치렀는데, 이는 공권력을 자극해 명동 성당 주변 봉쇄와 농성자 체포를 개시하게 했다. 이에 성소聖所인 성당에 대한 공권력 진압에 크게 반발한 천주교는 성당 내 시위 학생을 보호하겠다는 성명을 발표했다. 천주교의 농성단 옹호는 농성단의 분위기를 고조시키는 계기가 되었다. 농성단은 바리케이드를 경계선 삼아 시민들과 시국 토론회를 열고, 미사 후에는 시민과 합세해 성당 밖 진출을 모색하기도 했다. 3일째인 12일에는 농성자 수는 줄었지만 남대문 상인과 시민들의 모금이 폭주했다. 5박 6일 동안 2천만 원에 달하는 돈과 지원 물품이 모였다.

그러나 12일 새벽에 급박한 상황이 전개되었다. 정부는 효창운동장 주변에 공수 부대를 집결시킨 뒤 성당 주변에 진압을 위한 소방차를 배치하고 내부 프락치를 통해 유언비어를 유포했다. 이에 대비해 농성단은 비표를 농성단에 배급하고 회의장 내

**명동 성당의 시위대 © 박용수**

위기의 순간이 지나간 13일부터 명동 성당 주변에 넥타이 부대들이 적극적으로 등장했다. 이들은 점심시간마다 미도파 백화점에서 명동 성당까지 긴 행렬을 이루었고 14일 오후에는 대중 집회를 열어 정권과 사회에 대한 분노의 언어를 발산했다. 이는 명동 성당을 정점으로 6월 항쟁의 외연이 급속하게 확장되는 절정의 순간이었다. 명동 성당은 87년 6월의 '해방구' 가 되었던 것이다.

6 · 10 투쟁의 과정에서 우발적으로 구성된 명동 성당 농성은 투쟁의 상징이자 구심이기도 했지만, 동시에 6월 항쟁의 모순과 균열이 응축된 공간이기도 했다.

외부인 출입을 통제하는 한편, 새벽에는 성당 앞에 집결해 분신용 휘발유를 준비하는 등 상황은 파국을 향해 치닫는 듯했다. 이날 농성단은 심리적 안정감을 주던 바리케이드 철거를 둘러싸고 성당 측과 격론을 벌인 끝에, 장소를 제공해준 천주교의 견해와 입장을 존중하는 의미로 결국 바리케이드를 철거하기로 했다.

하지만 새벽이 지나면서 정부의 진압 방침이 철회되고 명동 성당에 대한 통제는 무력화되었다. 위기의 순간이 지나간 13일부터 성당 주변에 넥타이 부대들이 적극적으로 등장했다. 이들은 점심시간마다 미도파 백화점에서 명동 성당까지 긴 행렬을 이루었고 14일 오후에는 대중 집회를 열어 정권과 사회에 대한 분노의 언어를 발산했다. 이는 명동 성당을 정점으로 6월 항쟁의 외연이 급속하게 확장되는 절정의 순간이었다. 명동 성당은 87년 6월의 '해방구'가 되었던 것이다.

6 · 10 투쟁의 과정에서 우발적으로 구성된 명동 성당 농성은 투쟁의 상징이자 구심이기도 했지만, 동시에 6월 항쟁의 모순과 균열이 응축된 공간이기도 했다. 첫 번째 모순은 농성단과 항쟁의 지도부인 국본 · 서대협 간의 균열이었다. 농성 첫날인 10일 국본은 인명진(전 영등포 산업선교회 목사, 현재 한나라당)을 통해 명동 성당 농성은 국본과 무관하다고 공식적으로 발표했으며, 서대협 역시 무질서와 폭력 투쟁은 대중과 운동 진영을 괴리시킨다는 명분 아래 농성 해산에 무게를 실었다. 뿐만 아니라 이후

13일 이후 서울 투쟁에서 넥타이 부대의 출현은 침묵하던 중산층의 대반란임에 틀림없었다. 하지만 이들은 항쟁의 발목을 잡는 근본적인 한계이기도 했다.

에도 국본은 농성단 집행부에 계속 압력을 가했는데, 이들의 해산 요청 근거는 국본 내 양김으로 대표되는 정치권의 입장을 무시할 수 없다는 것이었다. 이는 국본이 양김이라는 제도 정치권의 영향력 아래 존재하는 한계를 극명하게 드러냈다.

두 번째 모순은 넥타이 부대로 상징되는 중산층 시민과 또 다른 시민인 노동자 · 민중 간의 괴리였다. 13일 이후 서울 투쟁에서 넥타이 부대의 출현은 침묵하던 중산층의 대반란임에 틀림없었다. 하지만 이들은 항쟁의 발목을 잡는 근본적인 한계이기도 했다. 이들은 호헌 철폐와 직선제 쟁취라는 민주주의 제도의 절차성에 관심을 가졌지만, 양김으로 대표되는 정치적 '대리인'을 통해 자신들의 요구를 관철하려고 했다. 이러한 입장은 7월 이후 전개된 노동자 대투쟁에 대한 중산층의 태도에서 그대로 드러났다. 이들은 제도 정치에서의 선거에만 관심이 있었을 뿐, 노동자 · 민중 등 시민 사회 내 '다른' 시민들의 기본권에 대해서는 철저히 침묵과 방관으로 일관했다.

그러나 87년 6월을 기록한 현대사 역사 서술에서 중산층은 과대 포장되어 있다. 이는 중산층을 87년 6월의 주도 세력으로 특권화한, 즉 6월 항쟁을 '침묵했던 화이트칼라의 폭발'로 해석한 국본과 서대협의 태도와 맞아떨어진다. 하지만 4장에서 살펴본 것처럼, 서울 외의 지역에서는 화이트칼라의 참여가 두드러지지 않았다. 7월 이후 노동자들의 전국적인 투쟁 과정에서 국본과 서대협은 실질적인 개입과 연대를 이루어내지 못했고 양김을 중심으로 한 '단일화', '후보 논의'에 깊숙이 침잠해버렸다.

세 번째 모순은 천주교 교회와 농성단 간의 문제였다. 천주교는 당시 도덕성의 상징으로, 박종철 열사 사건과 6월 항쟁의 전후에서 중요한 역할을 담당했다. 하지만 농성이 장기화되면서 천주교는 농성단에게 해산을 요구하기에 이른다. 당시 서울대교구 홍보국장인 함세웅은 안기부 차장을 대상으로 일방적인 대 정부 협상을 주도하면서 '농성 해산 대 유지' 라는 분열은 문제가 있다는 논리로 해산을 주도했다. 14일 오후 6시부터 4시간에 걸쳐 진행된 지도부 회의의 결론은 '농성 해산을 하지 말자' 였다. 또 새벽 1시에 열린 농성 해산 관련 토론에서 장기전의 필요성, 제2의 광주론, 농성 장소 사용에 대한 성당 허락의 필요 여부 등이 논의되었다. 조별 토론 결과 역시 4개조 해산 찬성, 17개조 농성 지속 찬성으로 나왔다. 이런 상황에서 전체 농성자를 대상으로 한 3차 투표 직전에 함세웅은 발언권을 얻어 농성자들에게 군부 동요설, 계엄령의 가능성 등 낯익은 용어들을 사용하며 해산의 불가피성을 역설했다. 최종 결과는 213명 가운데 119명의 찬성으로 해산이 결정되었다. 결국 '정국 위기-군부 개입설' 같은 유언비어에 농성자들이 설득당한 것이다. 이는 농성 확대로 사회적 위기가 오는 것을 두려워했던 70년대 민중론에서 드러난 교회의 한계가 다시 적나라하게 드러난 순간이었다. 이들은 교육받고 훈련된 시

농성자들이 해산을 결정한 후 명동 성당을 나서고 있다 ⓒ 박용수

민이 중심이 되는 안정된 사회를 원했을 뿐, 결코 무지하고 규율되지 않은 '다른 시민들의 공동체'를 바란 것이 아니었다. 이러한 상황을 반영하듯, 해산 결정 후 일부 농성대원들은 김수환 추기경의 악수도 거부하는 등 분노를 표출했다.

마지막으로, 정세 고양에 따른 대중 의식을 가두려고 했던 지도부의 실천과 농성단 간의 갈등을 지적할 수 있다. 6월 10일 농성단 결성 때부터 국본과 서대협은 농성단의 해산을 유도했다. 그러나 농성단 결성 초기에 계속 투쟁을 주장한 것은 학생이 아니라 시민들이었고, 농성이 심화되는 과정에서 실제 농성에 참여한 이들은 중산층이 아니라 실업자와 도시 빈민 등이었다. 이런 분열은 농성단 내부에서도 유사하게 나타났다. 14일 논의에서 해산으로 기운 지도부와 18일 국민대회를 앞두고 투쟁의 중심을 해체해서는 안 된다는 농성단원 간의 갈등은 골이 깊었다. 초기 명동 성당 농성단 구출 투쟁 때부터 소극적이었고 우발적 투쟁에 대한 계획과 대안이 부재했던 서대협은 농성단 내에서도 기회주의적이라는 비판을 받았다. 더욱이 이해하기 어려운 것은 6월 18일로 예정된 최루탄 추방대회를 며칠 앞두고 투쟁이 고조

되는 시점에 왜 해산을 유도했느냐는 점이다. 실제로 해산을 주장한 측의 우려와는 달리 투쟁은 20일 전후로 전국의 시, 읍 단위로까지 확산되었다.

## 6월의 '다른' 시민들

다음으로 87년 6월에 노동자를 비롯한 '다른' 시민들이 어떤 역할을 했는지, 그리고 이를 둘러싼 국본과 지도부의 태도는 어땠는지 살펴보자. 국본과 서대협은 87년 항쟁의 특징을 시민 공동체에 기초한 비폭력적 연좌·연와連臥 투쟁이라고 규정하고, 이것이야말로 순결하고 대중의 지지를 얻을 수 있는 투쟁이라고 특권화했다. 이 과정에서 시민 공동체 내 노동자, 빈민, 룸펜 대중이 설 자리는 없었다. 물론 당시 국본에 공식적으로 결합할 수 있는 합법적인 노동 운동은 존재하지 않았다. 그렇다고 87년 6월의 투쟁을 '시민 공동체의 항쟁'으로만 해석하는 것은 이전 시기의 정치적 노동 운동을 평가절하하는 역사 해석이다. 항쟁 당시 노동 운동 그룹은 반합법 공개 조직을 결성해 부천과 공단 지역에서 거리 대중 정치 집회를 주도했다.

3장에서 살펴본 것처럼, 6월 26일 평화 대행진 집회가 있던 날 부평에서는 노동자 1만여 명이 운집해 인민노련 결성을 선언했고, 부평에서 시위 대열을 주도했다. 또 20일 서울 가리봉 오거리 투쟁, 영등포 로터리 투쟁, 그리고 울산 현대그룹 노동자 소그룹의 거리 투쟁 등은 87년 항쟁에 노동자들이 적극적으로 참여했음을 보여준다. 이른바 '청천 대첩' 이라고 불리는 26일 부평에서의 투쟁은 노동자들이 퇴근 후 공단 지역을 휩쓴 거리 투쟁으로, 서울에서의 6 · 10 투쟁을 방불케 하는 것이었다. 그 밖에 이리, 성남, 수원 등에서도 대중 정치 집회가 전개되었으며, 광주에서는 20일 이후 노동자 참여 비율이 70퍼센트를 차지할 정도였다.

또한 국본과 서대협이 내세운 비폭력-평화 투쟁도 지역과 시간대에 따라 차이가 있었다. 광주와 목포, 순천 등에서는 고등학생과 시민들이 무장 시위를 적극 주장했으며 부평과 수도권 공단 지역의 야간 · 심야 시위를 주도한 노동자들은 폭력적이고 격렬한 양상을 드러냈다. 재야와 국본이 주도한 낮 시위의 모습과는 판이하게 다른 격렬한 시위에 국가도 강경하게 대응했다. 이는 지역과 시간대에 따라 투쟁의 주체와 양상이 상이하고 복잡했음을 드러내준다.

앞서 명동 성당 농성에서도 보았듯이, 국본과 서대협 그리고 재야 진영은 호헌 철폐와 직선제 쟁취라는 이름 아래 대중의 고양된 정치의식을 제한하거나 투쟁 수준을 낮추려 했다. 6월 23일 2만여 명이 운집한 연세대 투쟁에서도 서대협 의장 이인영은 준비되지 않은 투쟁을 원하지 않는다는 이유로 투쟁을 농성으로 국본을 비롯한 운동 지도부는 평화적 시민 항쟁이라는 명분 아래, 밑으로부터 떨쳐 일어나고 있던 대중의 의식을 가두려 했던, 87년 항쟁의 '숨겨진 배신자' 와 다름없었다.

제한하며 대중의 열기를 누그러뜨리려 했다. 당시 서대협의 기본 인식은 대중 노선을 근거로 투쟁을 특정 방식으로 제한하는 것이었다. 이는 국본 지도부가 6월 투쟁을 정리하려는 시점인 동시에 투쟁의 주도권이 재야와 학생 운동에서 기층 민중으로 전화되는 시점이었음을 드러내준다.

국본과 서대협이 외친 비폭력과 평화는 어느 시점에서는 잘못된 선택이 아니었다. 그러나 그것이 변화 불가능한 고정된 선택일 수 없다는 사실도 분명하다. 7월 이후 전개된 노동자 대투쟁에 대한 공권력의 탄압에서 드러나듯이, 국가는 어린아이들의 장난감이 아니며, 궁극적인 국가의 물리력은 강제력, 바로 힘이다. 국가는 바로 공권력이라는 곤봉이 작동하는 실체이다. 비폭력과 평화에 대한 과도한 호소는 국가의 실체를 중립적 조정자로 희화화할 수 있다. 결국 국본을 비롯한 운동 지도부는 평화적 시민 항쟁이라는 명분 아래, 밑으로부터 떨쳐 일어나고 있던 대중의 의식을 가두려 했던, 87년 항쟁의 '숨겨진 배신자' 와 다름없었다.

### 두 개의 시민, 87년 6월의 갈라짐

6월 29일에 87년 6월 항쟁은 일단락되었으나, 이후 일어난 노동자 대투쟁과 대선 투쟁은 6월의 연장선에 있었다. 하지만 이에

> 국본과 운동 지도부는 6월을 통해 대중이 스스로 만들어간 정치적 공간을 닫아버렸다. 6 · 29 선언 후 파업, 농성, 가두 투쟁 등 노동자들의 밑으로부터의 투쟁이 분출되었으나 국본 등은 이 사안들에 적극 개입하기보다 보수 야당과 재야 등 자유주의 세력에게 맡겨버렸다.

대한 국본과 재야의 대응은 부재하다시피 했으며, 대중의 선택을 투표함으로 국한시키는 결과를 가져왔다.

무엇보다 국본과 운동 지도부는 6월을 통해 대중이 스스로 만들어간 정치적 공간을 닫아버렸다. 4장의 취재 일지에서 드러나듯이, 6 · 29 선언 후 채 2주가 지나지 않아 노동자들의 어용 노조 퇴진 · 민주 노조 건설, 노동 조건 개선 요구 등 밑으로부터의 폭발적 투쟁이 파업, 농성, 가두 투쟁 양상으로 가시화되었다. 이는 그간 병영적 노동 통제에 억눌려 있던 대중이 스스로 만든 공간이었다. 그러나 국본 등은 이 사안들에 적극 개입하기보다 보수 야당과 재야 등 자유주의 세력에게 맡겨버렸다.

노동자들의 파업과 농성이 본격화된 지 한 달이 넘은 8월 중순에 들어서야 국본은 진상 조사단을 꾸렸을 뿐, 스스로 운동의 의제를 만들 생각이 없었다. 6월 대중이 스스로 만든 명동 성당과 부산 가톨릭 센터 농성에서도 국본과 교계는 쿠데타, 군 투입설 등을 언급하며 농성 해산을 종용했다. 그들이 직접 계획한 직선제 개헌이라는 투쟁 목표를 넘어서는 움직임, 즉 이른바 계획되지 않은 투쟁은 억제하려 했던 것이다. 86년의 경험을 가리키면서 대중 노선 또는 대중과 함께하는 투쟁을 강조했지만, 이는 선도 투쟁이 갖는 편향의 또 다른 '반대 편향-구부림' 이었다.

또 하나 지적할 점은, 국본과 재야는 직선제라는 제도 정치의 정상화에 스스로를 가둔 실천을 초래했다는 사실이다. 그렇다고 직선제라는 권력 형태 선택권을 확보하는 것이 중요하지 않다는 말은 아니다. 정치적 목표를 직선제 쟁취로 제한하고, 이를 '승리' 하는 것이라고 반복적인 암시를 거는 인식이 문제였다. 6월에 이은 7~9월 노동자 대투쟁이 있었기에, 국본으로서는 투쟁을 노동권, 민중 생존권 등으로 폭넓게 확장시킬 계기가 존재했다. 맹아 단계에서 형성되고 있던 계급 운동의 요구와 의제들을 공론화해서 제도화할 가능성도 있었다.

또 직선제라는 선거 형태에 국한된 개헌이 아니라 더 넓은 의미의 개헌 논의로 나아갈 수 있었다. 브라질의 경우만 봐도 이를 알 수 있다. 브라질은 노동자 대투쟁 후에 민주화 투쟁이 일어났으며, 노동자 운동이 민주주의 투쟁에서 핵심 역할을 담당했다. 또 브라질은 민주화 투쟁의 성과로 제헌의회가 소집된 후 전 사회적 논의 과정을 거쳐 헌법을 수정했다. 민주화 이행에서 노동계급의 주도성이 운동과 제도 건설 과정에 관철된 것이다. 비록 운동이 일어난 순서는 달랐지만 한국에서도 넓은 폭의 개헌이 실현될 수 있었다. 그러나 국본과 재야는 직선제와 민주 정부, 그리고 어느 야당 후보를 지지할 것인가의 문제로 선택의 폭을 제한했다. 대안 이데올로기를 만들 가능성을 봉쇄한 채, 자유주의에 포위된 실천을 반복했던 것이다. 이것이 87년 6월 항쟁 내부에 존재했던 균열의 결과이자 이후 민중 운동이 반복해 겪게 되는 '비극의 시초' 였다.

## 87년 명동 성당 농성 당시의 유인물

아래 세 가지 문건은 차례대로 명동 성당 농성을 시작할 즈음 농성단이 낸 것, 농성 해산을 설득하는 가톨릭 측의 입장, 그리고 해산 직후 농성단이 발표한 성명서이다. 이 자료들을 통해 명동 성당 농성에 참여한 이들의 견해와 생각의 변화를 살필 수 있을 것이다.

**민정당의 6 · 10 사기극에 철퇴를 가하는 민주화 운동의 교두보 마련을 위하여**

1. 우리는 분노한다. 우리의 정당한 호헌 철폐와 군부 독재 종식을 위한 명동 성당 구내에서의 농성 투쟁을 '명동 성당 점거 난동 사건'으로 매도하고, 농성 시위의 주된 원인이 폭력적 과잉 진압과 무분별한 최루탄 난사에 있음에도 불구하고 애국 시민, 학생들을 '폭도', '난동자'로 모는 현 전두환 군사 독재 정권의 작태는 또 다른 '건국대 사건'의 조작 음모가 진행되고 있음을 확인케 하는 것이다. 이에 또 다른 건국대 사태를 유발할 시 그 책임은 전적으로 현 정권의 폭력성에 있음을 경고하는 바이다.

2. 명동 성당에서 농성 4일째를 맞이하는 우리 민주 시민, 학생은 군부 독재 정권의 작태와 음모를 규탄하며, 군부 독재의 완전한 종식과 호헌 철폐를 위해 끝까지 투쟁할 것을 다시 한번 더 천명한다. 그리고 우리 농성 투쟁자들은 정당한 6 · 10 대회와 명동 성당 농성 투쟁 중 불법 연행, 구속된 국민운동본부 관계자와 민주 시민, 학생들의 즉각적인 석방을 요구하며, 이 요구가 관철될 때까지 끝까지 이곳에서 투쟁할 것을 결의한다.

……

4. 아울러 폭력 경찰의 무분별한 최루탄 난사와 현 정권의 호헌 폭거에 항의하며 철야 기도와 미사를 통해 분노와 아픔을 함께하고 계시는 서울대교구 사제단 여러분들께 진심으로 감사와 존경을 표하며, 또한 계속적으로 답지하고 있는 민주 시민의 열

화와 같은 지지와 성원에 진심으로 감사를 드리고 끝까지 투쟁할 것을 재천명한다.

* 장기 집권 획책하는 군부 독재 타도하자!!
* 호헌이 웬 말이냐 민주 헌법 쟁취하자!!
* 독재 조종 호헌 지지 미국 놈을 몰아내자!!
* 민주 시민 따로 없다 동참하여 하나되자!!

—분단 조국 43년 6월 13일 명동 투쟁 민주 시민, 학생 일동

**우리 명동 성당 안에 함께하는 학생, 청년, 시민 여러분**

여러분이 지난 10일 이곳에 들어온 이래 오늘에 이르러서야 정식으로 서로 얼굴을 마주하며 인사를 나누게 됨에 늦은 감이 없지 않은 것 같습니다. 우리는 호헌 철폐와 박종철 고문치사 사건의 은폐 조작을 규탄하고 민주화를 위한 여러분들의 노력에 힘찬 성원을 보냅니다.

40여 분의 사제들이 여러분과 뜻을 같이하여 이 성당에 모였고, 서울 시내 대부분의 성당이 여러분들의 뜻을 전하는 민주화를 위한 기도를 드리고 있는 것입니다. 그리하여 한국 천주교회의 대표적 상징성을 갖는 명동 성당에서의 모든 일이 중지되면서도 여러분을 포용하고 있는 것입니다. 이것이 바로 구체적으로 여러분과 함께하고 있는 우리의 민주화를 위한 입장이며 의지인 것입니다.

그러나 한국 천주교회는 교회대로의 해야 할 본연의 사명을 엄연히 갖고 있는 것이기에 무작정 모든 것을 포기하고 여러분의 뜻대로 다 할 수만은 없는 한계를 가지게 됩니다.

……

나는 명동 성당의 주임 신부로서 여러분에게 다음 몇 가지를 설명하고 권고하는 바입니다.

1. 나는 여러분을 한 형제로 받아들이며 그리스도의 가르침에 따라 사랑의 정신을 바탕으로 수단과 목적을 설정하시기 바랍니다.

2. 교회는 여러분과 모든 부분에서 무작정 같이할 수만은 없는 한계를 갖고 있습니다. 전적으로 또한 무작정 교회 본연의 사명을 포기하도록 요구되어서나 조장되어서도 안 됩니다. 따라서 나는 여러분에게 일정 시한 안에 여러분의 삶의 자리인 직장, 학교, 가정에로 돌아가 불의와 반인간, 비민주적인 것에 대항할 것을 권고합니다.
3. 이 성역은 200년 교회사 이래 한국 천주교회의 정신적, 도덕적 표상이기에 폭력에 의해 파괴되거나 훼손될 수 없는 것입니다. 그러므로 이 성역 안에 계신 여러분도 성역 보존을 위한 교회적 노력에 자발적이고 적극적인 동참을 호소합니다.
4. 우리 사제단은 여러분의 진정한 뜻을 알고 있으며 교회 본래의 사명에 따라 하느님의 모상을 지닌 인간의 기본권을 유린하는 어떠한 처사나 조직, 사회 체제에 대해서도 강력히 저항하는 바이며 민주화를 위한 대안을 제시해나갈 것입니다.
5. 사제단은 여러분이 명동 농성으로 말미암은 연행이나 구금 없이 학교, 직장, 가정에서 안전하게 생활할 수 있도록 정부 당국에 책임성 있는 안전 귀가 보장을 요청하였습니다. 더불어 명동 성당 내에서 농성 도중 연행, 구속된 모든 사람들의 즉각적인 석방을 위하여 모든 노력을 경주할 것입니다.
이러한 관점에서, 교회는 교회 본연의 사명을 수행할 수 있도록, 또한 여러분은 여러분대로의 생활 현장에서 각자의 소명을 수행할 수 있도록 안전 귀가를 보장하는 사제단의 뜻을 긍정적으로 수용하도록 권고하는 바입니다.
끝으로 민주 쟁취를 위한 여러 시민, 학생들의 그간의 헌신에 뜨거운 성원을 보내며, 민주화를 위한 국민적인 열망이 달성될 때까지 공고한 연대를 마련해나가도록 합시다.
—1987. 6. 14 천주교 주교좌 명동 교회 주임 신부 김병도

**성명서—명동 투쟁을 마치면서**

저희들은 6월 10일부터 시작된 명동 성당 투쟁 민주 시민, 학우입니다. 그동안 보여준 국민의 뜨거운 민주화 열망에 깊은 감사를 드리며, 여러분들의 뜨거운 성원과 지지 속에서만 가능했던 정치적 승리를 맞으며, 농성을 푸는 입장을 밝힙니다.

1. 저희들이 농성을 푸는 가장 큰 이유는 명동 투쟁에서 고양된 민주화 투쟁의 열기를 민족, 민주 운동 세력의 더욱 높은 연대 투쟁으로 승화시켜 우리의 완전한 승리, 즉 군부 독재의 종식을 쟁취하기 위하여서입니다. 저희들은 이 땅에 자주, 민주, 통일이 이루어지는 그날까지 끝까지 일치단결하여 투쟁할 것을 결의합니다.

2. 현 군부 독재 정권은 6 · 10 이후 계속된 명동 투쟁을 조작, 분열시키려는 정치적 공작을 노골화하였습니다. '폭도'와 '용공, 좌경'으로 시작한 저들의 조작은 급기야 사제단과 저희들의 굳건한 연대를 분열시키려 하였습니다. 그러나 저희들은 사제단과의 일치단결을 다시 한번 더 확인하였으며, 앞으로의 민주화 투쟁에서의 연대 투쟁을 다짐합니다.

3. 따라서 우리는 다음을 결의하며 온 국민의 열망인 이 땅의 진정한 자주, 민주, 통일을 위하여 현 정권에게 다음과 같은 것을 엄중 촉구한다.

1) 4 · 13 호헌 조치의 철회

2) 6 · 10 대회 관련 구속자 및 양심수의 전면 즉각 석방

3) 미국의 독재 조종, 호헌 지지에 대한 즉각적인 중단

4. 우리는 4 · 13 조치 이후 전국 각지에서 열화와 같이 솟아오르는 온 국민의 여망에 적극 동참할 것을 결의하며, 위 요구의 실현을 위한 비타협적인 투쟁을 전개할 것을 선언한다.

5. 특히 저희 명동 투쟁 시민, 학생에게 보내주신 2천여만 원의 성금과 산더미처럼 쌓인 생활 용품들은 저희들에게 큰 힘이 되었을 뿐만 아니라 국민 여러분의 진심이 무엇인지를 알게 된 좋은 계기였습니다. 아울러 계속되는 조국의 자주, 민주, 통일을 위한 투쟁의 대열에 적극적인 동참을 바랍니다.

6. 우리는 명동 투쟁 중 구속된 모든 시민, 학생의 전원 석방과 명동 투쟁으로 인한 이후의 정치적 탄압이 없음을 확인할 때까지 임시 집행부는 명동 성당에서 단식 투쟁을 계속할 것을 결의합니다.

—분단 조국 43년 6월 15일 명동 투쟁 민주 시민, 학생 일동

# 6 장

# 87년 6월 항쟁과 2017년 6월

## 2017년과 2009년의 촛불 그리고 이른바 탄핵 정국

2009년 봄, 우리는 노무현 전 대통령 사망이라는 충격적인 사건을 경험했다. 87년 6월 거리에 있었고, 2002년 대선에서 높은 지지를 얻어 당선되었으나 대통령 재임 당시 격렬한 논란의 중심에 섰던 그의 죽음에 많은 이들이 슬퍼했고 연일 유례를 찾기 힘든 추모 행렬이 이어졌다. 추모와 더불어 주목할 만한 현상은 민주주의 담론의 재등장이었다. 그 전까지 한국 사회는 2007년 대선 국면에서 전면에 등장한 '경제 성장' 이라는 지배 담론에 포위되어 있었다. 민간 정부 10년에 대한 평가는 '잃어버린 10년' 으로 대치되었고, 민주주의는 부차적 문제로 전락하는 듯 보였다. 그런데 노무현 사망 이후 '국민과 소통을 거부하고 민주주의를 거스르는 독재' 등의 담론이 등장한 것이다. 독재와 민주주의라는 용어가 한국 사회의 대립 관계를 반영했던 시기가 상당히 지났음

세보르스키

폴란드 출신의 정치학자로, 바르샤바 대학교를 졸업한 뒤 미국 노스웨스턴 대학교에서 박사학위를 취득했다. 이후 시카고 대학교의 교수직 등을 맡았다. 정치경제학과 민주화 등을 주로 연구한다. 한국에는 전략적 선택 이론, 민주화 이행론 등이 널리 소개되어 있다.

에도 불구하고, 여전히 민주주의는 표면적인 화두였다.

## 탄핵 정국, 동네 안의 게임 그리고 증오

경찰 버스에 노무현 전 대통령을 추모하는 국화와 그의 유언이 실린 신문이 붙어 있다 © Mineralsab

민주주의와 소통이란 단어는 2016년 최순실 국정농단에 따른 대규모 항의 집회에서도 연이어 등장했다. 약 3만 명이 모인 10월 29일 첫 시위를 시작으로 6차 촛불 집회에는 232만 명이, 이듬해 2월 11일에 열린 15차 집회에는 80만 명이 운집한 박근혜 퇴진 요구 촛불 집회는 '밑으로부터 대중의 집단행동'으로 부정한 정부를 퇴진시켰다는 점에서 87년 6월 항쟁과 유사하다. 물론 87년 6 · 29선언과 같은 신군부의 전략적 선택은 2016년에는 없었다. 대신 헌법재판소라는 헌법 기구에 의해 박근혜는 탄핵당했으며, 박근혜 측은 여전히 탄핵을 부정하고 있다.

90년대 대학원에 다니던 당시에 가장 유행한 이론 중 하나가 민주화 이행에 대한 이론이었다. 《민주주의와 시장*Democracy and the Market*》 등으로 알려진 애덤 세보르스키Adam Przeworski(1940~)는 지배 블럭을 강경파와 온건파로, 반대 블럭을 최소강령주의자, 최대강령주의자 등으로 나누어서 민주화 이행의 게임 나무game tree를 만들었다. 그의 결론은 간단했다. 바로 쿠데타나 혁명과 같은 최악의 선택을 피하기 위해서는 양 진영 간의 '차선次善'이 필요하다는 온건파와 최소강령주의의 '타협에 의한 민주화'였다.

90년대에는 이런 셰보르스키의 이론이 그다지 마음에 들지 않았다. 하지만 시간이 지나면서 셰보르스키의 고민을 조금씩 이해하기 시작했다. 그는 국가 폭력, 테러 등이 중첩된 민주화 이행기에 희생을 최소화하기 위한 방법을 이론화하려고 했던 것이다. 적어도 민주주의라는 '동네 안의 규칙'으로 은유되는 게임의 규칙에 동의한 행위자들은 그 규칙 자체를 파괴해서는 안 된다는 의미다. 이것이 이른바 민주주의에 대한 최소주의적 정의minimalist definition다.

물론 자유로운 선거, 반대 당의 인정, 주기적인 선거 보장, 언론 · 출판의 자유 등 기본권 인정, 법에 의한 지배 등 형식적 차원의 민주주의에만 머물러야 한다는 말은 아니다. 그럼에도 탄핵 정국에서 '동네 안의 게임' 규칙조차 지킬 생각을 하지 않는 집단과 개인을 보면서 한국의 민주주의를 둘러싼 문제의 심각성을 느낀다. 극단적인 예로, 친박 진영이 낙인의 딱지로 사용하는 '빨갱이'란 용어도 문제지만 설사 누군가가 공산주의자라 하더라도 '죽여도 된다'는 정당성은 결단코 확보되지 않는다. 동시에 대한민국을 지키기 위해 쿠데타를 일으켜야 한다든지, 헌법재판소의 결정에 불복해야 한다든지 하는 주장은 웃어넘기기에는 심각했고 대선이 마무리된 지 반년이 지난 지금도 그들의 주장은 변하지 않았다.

헌법재판소의 재판 진행 중 변론 과정에 대한 동영상 기록을 보면, 박근혜 측 변호인단은 제대로 된 변론을 하지 못했다. 그러다 재판이 마무리되는 시점에 이르자 돌변해서 불공정성, 변론 기회 부족 등의 문제를 뒤늦게 제기했다. 쉽게 말해 '동네 안의 게임' 자체를 부정하는, 판을 엎겠다는 발상이었다. 이 영상은 '민주주의 교육'을 위해서라도 반드시 많은 이들이 보도록 권해야 할 자료다.

물론 '국가 권력'을 둘러싼 쟁투에는 생사를 둘러싼 영합zero-sum적인 측면도 있지만, 앞서 소개한 탄핵 정국에서 발생한 일련의 흐름은 단지 소수, 일부 혹은 특정 연령 · 세대만으로 국한된 문제가 아니었다. 민주주의를 최소주의의 틀 안에 가두는 것도 문제지만 민주주의를 둘러싼 동네 안의 게임이라는 틀 자체를 부정하는 것 또한 비참한 결과를 가져올 수 있다.

동일선상에서 비교할 수 있는 대상은 아니지만, 1961년 5 · 16 군사 쿠데타 당시 쿠데타 주도 세력은 '혼란스러운 국가를 바로 잡는다'고 군사 쿠데타 제1성을 냈다. 탄핵 정국 당시부터 지금까지 태극기를 흔드는 집단들도 빨갱이로부터 나라를 지켜내는 애국자로 자신을 호명하며 쿠데타의 정당성과 헌법재판소 판정 불복 그리고 정치 보복 수작이라는 주장을 외치고 있다. 대중의

동의 정도와 상황이 모두 다르지만, 이들의 주장은 '애국'으로 참칭되고 자신과 다른 이들은 '적'이자 '빨갱이'로, 복수의 대상으로 상정된다. 그리고 이들의 내러티브는 '그들만의 대한민국사'로 펼쳐진다.

탄핵 정국을 통해 동네 안의 게임에서 헌정 질서의 정상화를 추구한 밑으로부터의 흐름은 특정 세대 · 집단의 문제로 파악해서는 안 된다. 나치즘이건 파시즘이건 혹은 최근 문제가 된 웹사이트 '일간베스트'이건 대부분은 특정한 세대의 표현 불가한 공포감과 위기감에서 기원한 것이기 때문이다. 한국 사회가 이 문제를 오랫동안 방치시켜왔음을 잊어서는 안 될 것이다. 2017년 3월 6일자 〈한겨레〉에 홍은전 작가가 기고한 "어떤 세대"는 아버지 세대가 부정이나 방치의 대상이 아닌, 공감을 얻는 대상이 되어야 함을 설득력 있게 보여준다.

"… 아버지를 힘껏 밀어 쓰러뜨린 날이 있었다. 대학을 졸업하고 장애인 야학 교사가 된 나와 그것을 용납할 수 없었던 아버지 사이의 갈등이 폭발했던 날, 어린 시절부터 억압되어 있던 분노가 한꺼번에 솟구쳤다. 힘들게 살았다고 해서 폭력이 정당화될 수는 없는 거라고, 나는 아버지가 내 아버지인 것이 싫었다고, 눈을 희번덕거리며 소리 질렀다. 그길로 짐을 싸 집을 나왔다. 끔찍한 죄의식이 나를 괴롭힐 때마다 '아버지를 죽여야 새로운 문명이 시작된다'는 말이 조금 위로

가 되었다. 태극기와 촛불이 힘겨루기를 하는 광장에 서면 그날의 아버지와 내가 겹쳐진다 … "돌멩이를 들었지." 그 말을 할 땐 아버지도 꼭 웃었다. 보도연맹 사건이 있은 후 두 달쯤 지나 인민군이 퇴각할 때 마을의 청년들도 함께 사라졌는데, 그중엔 나의 할아버지도 있었다. 그 때문에 할머니는 경찰에 불려가 심한 고초를 겪었고 평생 골골했다. "싸움이 붙으면 상대는 형님도 데려오고 아버지도 데려오는데, 나는 아무도 없었으니까." 태어나 보니 전쟁이었던 세대. 살기 위해 돌멩이를 들고, 살기 싫어 술을 들이부었던 사람들. 입안 가득 고인 피를 뱉으며 돌멩이를 집어 드는 소년들을 생각하며 나는 이제부터라도 아버지의 인생을 정성껏 들어볼 생각이다. 군림했으므로 한 번도 공감받지 못했던 어떤 세대가 그들의 자식과 손자들이 함께 든 촛불 앞에 위태롭게 서 있다…"

특히 쿠데타 정당화, 헌법재판소 탄핵 결정 불복, 빨갱이 척살 등의 담론은 장기적으로 반복 활용될 가능성이 농후하다. 그것은 아마도 '복수의 담론'이 될 것이다. 이를테면 '빨갱이들이 박근혜를, 박정희를 파면했다, 인민재판식으로' 등의 레토릭으로 말이다. 2016년 겨울이 어떤 이들에게는 민주주의를 지켜낸 기억으로 남겠지만 다른 이들에게는 '권력 찬탈을 둘러싼 복수'라는 집단적 기억으로 남을지 모른다. 그럼에도 우리는 그 증오의 밑바닥을 이해하려는 노력을 거둬서는 안 된다.

통합진보당 해산 판결

통합진보당은 2008년 민주노동당 분당 이후 경기동부연합, 광주전남연합, 울산연합, 인천연합 등을 중심으로 결성된 정당이다. 2013년 당 대표로 이정희가 선출되었다. 이후 이석기 내란 음모 사건으로 2014년 12월 19일 헌법재판소가 정당 해산 판결을 내렸고, 소속 의원 5인의 의원직이 상실되었다.

## '자유민주주의적 기본 질서'의 역설

2017년 3월 10일, 탄핵 심판이 선고되었던 날을 회고해본다. 당시 SNS에는 '시원하다'는 소감이 많았지만 헌법재판소 앞의 격돌로 인해 3명이 사망했고 판결 불복 움직임 선동 또한 분명히 존재했다. 나는 가장 보수적이라고 평가받던 한 재판관이 낸 "탄핵 심판은 보수와 진보라는 이념의 문제가 아니라 헌법적 가치를 실현하고 헌법 질서를 수호하는 문제다"라는 보충 의견을 읽으며 묘한 생각들이 들었다. 파면 결정은 자유민주적 기본 질서를 기반으로 한 헌법 질서를 지키기 위한 것이었다. 진행 과정의 구체적 맥락을 모두 생략하고 헌법재판소의 탄핵 심판 논리 자체만 놓고 보면, 2014년 선고된 통합진보당 해산 판결 논리와 그다지 다르지 않다. 알려진 바와 같이, 독일(구 서독)에서 만들어진 "자유민주적 기본 질서"는 나치에 의한 유대인 학살 및 전쟁이라는 독일의 현대사적 배경과 냉전 시기 반공주의라는 맥락이 중첩되어 구성된 용어다.

이 용어가 한국에 도입된 시기는 1972년 유신 헌법 때다. 매 학기 현대사 강의를 진행할 때마다 1948년 이후 헌법의 주요 조문을 대학원생들과 함께 읽곤 하는데, "모든 사회적 폐습을 타파하고 민주주의제제도를 수립하여(民主主義諸制度를 樹立하여)"의 뒷부분이 1972년 유신 헌법 개정 시, "자율과 조화를 바탕으로 자유민주적 기본 질서를 더욱 확고히 하여"로 변경된다(물론 1960년 4·19 직후 "민주적 기본 질서"라는 용어가 처음 등장하기는 하나 이는 조봉암이 주도했던 진보당 등 정당 강제 해산에 대한 경계라는 맥락으로 조문에 들어간 것이다). 1972년 유신 당시 만들어진 "자유민주적 기본 질서"라는 용어가 2017년 박근혜 파면과 헌법 질서 수호의 근거가 된 것은 아이러니다. 아버지 박정희가 만든 '자유민주적 기본 질서'가 딸 박근혜의 목을 친 셈이니 말이다.

탄핵 심판일 오전부터 헌법재판소 앞은 탄핵 반대를 외치는 인파로 북적였다. 그러나 그 속에서 헌법재판소 재판정의 영웅이었던 김평우의 모습을 찾을 수는 없었다. 최종 재판정에서도 탄핵 반대 시위대 앞에서도 그의 모습이나 목소리를 찾아보기 힘들었다. 뿐만 아니라 탄핵 반대를 외치던 김진태, 김문수, 윤상현 등 새누리당(현 자유한국당) 의원들도 보이지 않았다. 그들은 탄핵 선고가 나던 때 어디에 있었을까? 그들의 선동에 가까운 견해에는 동의하지 않지만 그들이 진심으로 탄핵이 인용되어서는 안 된다고 생각했다면 3월 10일 헌법재판소 앞에서 탄핵 반대 연단에 서 있어야 하지 않았을까? 지도부도 경험도 없이 탄핵 반대를 외치던 시위대 일부는 다치고 심지어 사망 사고까지 발생했다. 사람이 죽는 일이 벌어졌음에도 왜 그들은 침묵 속으로 숨어버렸을까. 그들의 프로파간다보다 더 혐오스러운 것은 그들의 '무책임'이다. 민주주의의 공고화consolidation에도 정부와 정당

포퓰리즘

포퓰리즘 혹은 인민주의人民主義는 경제 위기와 정치 위기에 따르는 대중의 불만에 기초하여 기존 정치에 대한 거부와 공격을 주된 내용으로 삼는다. 무능하고 부패한 정치인과 제도를 '적'으로 삼는 원한의 정치를 통해 대중을 동원하는 포퓰리즘은 기존 체제를 위협하는 파괴력을 지니지만, 오히려 국가와 지도자에 대한 종속을 심화한다는 점에서 사회 운동과 대립한다.

의 '책임'이라는 구절이 자주 등장한다. 내가 앞에서 열거한 자들을 혐오하는 이유는, 그들의 정치적 성향도 있지만 무책임이 더 큰 자리를 차지한다. 이들이 입버릇처럼 말하던 포퓰리즘populism은 오히려 그들의 정치 행태에 내장되어 있다.

## 독재, 블랙리스트라는 '흔적'

이처럼 한국 사회가 여전히 87년 6월의 민주주의와 독재라는 대립 구도를 반복하는 이유는 무엇일까? 독재dictatorship는 흔히 '군부 지배', '일당-일인의 전횡적 통치', '억압적 통치' 등을 가리키는 용어로 사용되어왔다. 보수 야당이나 일각에서 사용하는 '소통의 부재'라는 말도 시민 사회와 반대 당의 의견을 무시하고 행정부와 집권 여당이 정책을 일방적으로 강행한다는 의미일 것이다. 좀 더 꼼꼼하게 살펴보자면, 이는 시민 사회 내 다양한 요구를 정당이나 정책을 통해 대변하는 이익 매개 기능의 약화라고 해석할 수 있다. 이는 곧바로 '정당 정치의 저발전'으로 이어지며, 다시 말해 대의제가 민의를 제대로 대변하지 못한다는 말이다.

그러나 국민의 정부나 참여정부 시기에 과연 시민 사회와 소통이 제대로 이루어졌는지 묻는다면 그 대답은 부정적일 수밖에 없다. 포퓰리즘적 통치에 기초한 정당제와 대의제의 약화는 두 정부 내내 지속된 현상이었다. 그래서 최장집은 《민주화 이후의 민주주의》에서 민주 정부 하에서 민주주의의 퇴행성, 정당 체제 저발전 등을 통렬하게 비판했고, 지식인들과 시민들에게 지적인 충격을 준 것이다. 지금 제기되는 문제들은 전혀 새로운 현상이 아니라는 얘기다.

그렇다면 왜 독재나 소통 결여 문제가 거의 20여 년이 넘게 반복적으로 제기되는 것일까? 공권력으로 대표되는 억압적 국가기구의 시민·사회 운동 등에 대한 탄압이 그 빈도와 강도에서 이전 정권에 비해 훨씬 강력해졌다는 사실이 주된 원인일 것이다.

최근 몇 년간 문화, 학계를 포함한 지식 사회 전반에 검열 체계가 공공연히 작동했다는 것을 대부분의 사람들이 알고 있을 것이다. 과거에는 소위 '블랙리스트' 하면 대개 동일 방직 해고자들에 대한 유신과 전두환 정권의 취업 금지 조치를 떠올렸다. 복직 투쟁 과정에서 블랙리스트는 그녀들의 생존권 자체를 빼앗은 폭력 이상의 무엇이었다. 90년대 안방 극장을 화려하게 장식한 드라마 〈모래시계〉에도 블랙리스트가 등장한다. 강제로 해고당한 뒤 블랙리스트로 취업이 어려워지고 결국 미쳐버린 서울 출신의 언니가 여공의 상징이었다. 경찰을 피해 내려온 여주인공을 고발한 사람도 그녀였다. 그 실체는 외상이었으리라.

그 후 잡혀간 주인공 혜린 같은 이들은 80년대 공장으로 찾아들었다. 1983년 태창메리야스에서 해고당한 후 블랙리스트 철폐

운동 유인물을 쓴 주인공이 그들이었다. 공장의 불빛을 좇아 혁명을 하러온 그들은 광주의 피를 먹고 탄생한 신군부에겐 관리 대상이었다. 청와대가 작성을 지시한 것으로 추정되는 '세월호 진상 규명 탄원서에 서명한 문화계 인물 목록'처럼 말이다. 유신 시기 시작된 블랙리스트는 탄압이라고 하기에 앞서 한 개인에 가해지는 공포였다. 자기 검열의 자괴감, 자신이 항상 감시당하고 있다는 느낌을 어떻게 표현해야 할까. 청와대와 김기춘, 조윤선 그리고 블랙리스트에 준하는 위협과 압력을 누군가에게 가했던 이들에게는 지금이라도 고해告解의 시간이 필요할 것이다.

〈모래시계〉에서 혜린을 빨갱이라고 지적해야만 했던 미쳐버린 이의 고통과 트라우마를 가벼운 언어로 다뤄서는 안 될 것이다. 국가가 그들에게 했던 짓이 얼마나 지독한 일이었는지 이제라도 깊이 생각해야 한다. 그들이 사용한 '언어적 폭력'에 대해서도.

### 민주주의라는 담론

정도의 차이는 있지만 노무현 정권 시기 한진중공업 김주익 열사의 죽음에서 확인할 수 있듯 1987년 민주화 이후에도 정부의 사회 운동 탄압은 여전히 존재했고 억압적 국가 기구도 작동했다. 이랜드 노동자 투쟁으로 상징되는 불안정 노동, 구조 조정, 노사 관계 로드맵 등을 떠올려보라. 다만 우리는 너무 쉽게 잊을 뿐이다. 물론 억압적 국가 기구 작동이 이전보다 노골화된 것은 사실이지만, 이런 현상들 때문에 현재 대립 구도를 독재-민주로 파악할 수는 없다. 더군다나 이는 '대안'과 연관된 문제이기에 더욱 중요하다. 독재를 부르는 순간 그 대안은 민주주의가 되고, 대안 담론 수준에서 민주주의는 정상적인 정당 정치, 소통의 원활 등으로 협소화된다. 다시 1987년 6월 수준의 민주주의, 즉 독재 타도-민주 쟁취와 유사한 형태로 회귀하고 마는 것이다. 이런 이유들 때문에 독재라는 담론을 사용하는 데 주의가 필요하다.

담론 수준에서 독재에 대항해 투쟁하자고 대중에게 외치면 대중은 민주주의를 요구할 것이고, 그 민주주의는 1987년 제8차 개헌에서 규정한 수준 이상으로 나아가기가 어렵다. 이 점이 현재 민주주의와 독재라는 문제를 둘러싼 난점이다. 문득 18년 전 논쟁이 떠오른다. 1991년 5월 공권력에 의한 강경대 군 치사 사건 이후 사회 운동은 한 달이 넘게 거리에서 노태우 정권 타도를 외쳤다. 대부분의 사회 운동이 파쇼 타도와 민주주의를 외쳤지만, 문제는 '어떤 민주주의인가'라는 화두였다. 사회 운동 내에서도 논란이 분분했는데, 한편에서는 프롤레타리아트 민주주의를, 다른 한편에서는 민주주의 임시 정부 혹은 과도 정부 같은 대안을 주장했다. 이런 논쟁은 당시 전국대학생대표자회의(전대협) 등이 주장했던 '국회 해산-즉각 총선'은 대안이 아니었기에 대안 권력을 위해 사회 운동이 어디로 가야 할 것인가를 둘러싼 고민의 산물이었다. 그에 비해 2008년과 2016년은 제헌 권력, 국민 소환 등이 제기되었지만 미세한 논쟁 수준에 머물고 있는 듯하다.

### '자본의 국가'

이렇게 긴 이야기를 하는 이유는 '독재'라는 용어가 지닌 자기 한계를 분명하게 인식하고 사용해야 한다는 사실을 강조하기 위해서다. 독재라는 용어의 한계를 명확하게 인식하지 못할 때, 민주주의 투쟁은 대안을 스스로 형성하지 못하고 소멸할 가능성이 높기 때문이다. 이야기가 나온 김에 '억압적 국가 기구', 이른바 공권력을 둘러싼 문제를 같이 제기하고 싶다. 여기서 전제해야 할 점은 현재 국가 기구의 작동은 87년 6월과 역사적 맥락이 다르다는 사실이다. 2017년 국정농단 정국에서 삼성이 박근혜 정부의 정책에 깊숙이 영향력을 행사했던 예로 확인할 수 있듯 국가-자본 관계에서 자본의 사회적 지배력이 과거보다 급격하게 확장된 상황에서, 공권력 동원은 과대 성장한 국가의 시민 사회에 대한 탄압이 아니다. 이른바 경제 위기 극복이나 사회 안정 등 체제 재생산을 위해 자본이 공권력 사용을 추동하고 용인하고 있는 것이다. 다시 말하자면 빈번한 공권력 사용을 그 자체로 시민 사회 '일반'에 대한 수축이나 약화로 이해해서는 안 된다는

그람시
이탈리아의 마르크스주의자로 무솔리니 파시즘에 대항하다 투옥되어 《옥중수고》라는 대표적인 저작을 남겼다. 그는 헤게모니hegemony 개념을 통해 러시아와 달리 서구에서는 시민 사회라는 참호를 장악하기 위한 진지전을 통해 민족-민중적 블록을 형성한다고 주장했다.

말이다. 신자유주의 아래서 국가는 '자본의 국가'다.

안토니오 그람시

다시 1991년으로 돌아가 보자. 91년 5월 투쟁 이후 이른바 '이완된 독재' 혹은 '시민 사회 내 진지 구축' 등이 논의되면서, 국가 권력과의 전면적 투쟁인 '기동전'이 아닌, 교회, 학교 등 시민 사회의 이데올로기적 국가 기구를 포위하고 장악하는 '진지전'에 관한 논의가 안토니오 그람시Antonio Gramsci(1891~1937)를 원용하며 사회 운동에 들어왔다. 다만 당시 그람시를 오독해 이해한 경우가 적지 않았다. 그람시가 '국가=동의+억압', '시민 사회=진지전을 통한 저항적 헤게모니 장악'이라고 규정한 것처럼 해석한 것이다. 그러나 그람시에게조차 시민 사회는 강제력이 행해지는 국가 장치의 일부였으며, 자본주의 국가(와 국가 장치)는 최종 순간에 자본주의 사회 관계의 재생산을 위해 강제력을 예비한다.

이것이 억압적 국가 장치를 중심으로 하는 자본주의 국가의 작동 메커니즘이다. 따라서 현재 억압적 국가 기구의 작동은 '독재'가 아니라 자본주의 국가가 총자본의 장기적 정치 이익을 보장하기 위해 행하는 '자연스러운 현상'이다.

이명박과 박근혜 정부 하에서 정부의 반민주적 행태를 비판하는 각종 시국 선언이 확대되고 탄핵 정국을 맞아 대중의 집단행동이 활성화되는 것을 두고 '시민 사회는 독재에 맞서고 있다'고 해석할 수도 있다. 하지만 앞서 살핀 것처럼 이미 시민 사회는 이념적인 면에서나 조직적인 면에서 분화가 공고해진 상태다. 독재 대 민주주의라는 현실 인식은 정권의 공권력 과잉 사용과 시민 사회 내 이익 매개 기능의 단절을 비판하며 나온 인식이다. 결론적으로 말하자면, 독재와 소통의 부재라는 현실 진단은 제한적이며, 현재 상황에서 사회 운동의 대안을 스스로 봉쇄할 가능성이 높다는 것이 내 생각이다. 혹자는 87년 6월을 떠올리며 '좀 더 대중적인 슬로건'이 필요하다고 말할지 모르겠다. 하지만 이는 역설적으로 시민 사회 내에 존재하는 대항 세력의 입지를 좁게 만들 가능성이 높다.

### 종북과 친북, 적대성의 정치

문제는 한국만이 아니다. 동아시아 차원에서 위기와 적대는 어느 시점보다 강화되고 각국의 내셔널리즘을 강화시키는 중이다. 한국에서 촛불이 밝혀진 직후 일본의 언론은 '북한'—일본에서는 북조선北朝鮮—과 관련된 뉴스를 상당량 보도했다. 김정남, 김정은, 북 개발, 북폭 등이 언급되었지만 요점은 하나였다. '북한은 위험한 존재'라는 것이다. 과거 일본 언론이 취했던 태도와는 상당히 다른 양상이다. 자료를 찾아보면 70~80년대만 해도 아사히신문이나 NHK 등의 매체에서는 북한이나 김일성에 대해 우호적인 기사를 실었고 언론인과 지식인이 북한과 김일성을 크게 다루는 경우도 적지 않았다.

그러나 탈냉전 이후 북한의 고난의 행군, 탈북자 문제, 북핵 문제 등 여러 요소들이 중첩되었고 2000년대 초에 발생한 일본인 납치 사건을 계기로 북한에 대한 공포가 일본 사회에 넓게 퍼졌다. 나는 그 즈음 1년간 일본에서 생활했는데 당시 텔레비전이나 잡지에는 늘 '납치-북조선'이란 단어가 등장했다. 70년대부터 사용하던 조선인민공화국이라는 공식 명칭도 2003년경부터 '북조선'으로 별다른 이유 없이 변경된 것 같다.

물론 여기에는 비슷한 시기에 불거진 종군 위안부 문제와 역사 수정주의 등의 문제도 얽혀 있을 것이다. 북한을 옹호할 생각도 북한 인권 문제를 간과할 의도도 없지만 한반도 문제를 '북한'으로 환원시키고 존재 자체를 '적대시'하는 것은 심각한 문제가 아닐까.

그밖에도 일본 언론은 "북풍에 흔들리는 한국 대통령 선거"라는 타이틀을 걸고 한국 선거가 심각한 안보 위기 상황에서 진행되고 있으며 미래가 불투명하다는 내용을 현지 인터뷰 등을 통해 보도했다. 그러나 '북풍'이라는 프레임 자체도 너무 오래된 설정이며, 그간 2~3차례 선거에서 북핵이나 북한의 위협 등은 판세에 거의 영향을 미치지 못했다. 그러나 일본 언론은 계속해서 극우 언론인 조갑제와의 인터뷰를 보도하며 "보수파 중진이 지적하는 친북 문 씨", "문 씨의 정체" 등 자극적인 단어를 나열

했다. 촛불 이후 한국 시민 사회의 상황, 탄핵 국면 등 중요한 사실 관계에 대한 설명이나 분석은 생략한 채 "친북적인" 혹은 "대북 유화적인" 문재인의 당선이 한일 관계를 악화시킬 것이라는 논조의 보도만 NHK를 포함한 대부분의 언론과 방송에서 반복하고 있다. 이는 다른 외신의 보도 태도와도 분명하게 구별된다.

'종북'은 말 그대로 북한을 추종하거나 따른다는 말이다. 아마도 통합진보당 사건 이후 강화된 단어일 것이다. 물론 현재도 북한을 이상적인 정치사회 체제라고 생각하는 개인 혹은 집단이 존재할 것이다. 하지만 북한을 '적대시'하지 않는다고 한 개인이나 집단을 종북, 좌파라고 몰아붙이는 것은 '나와 다른 사상과 의견을 가졌으므로 절멸시켜야 한다'는 해묵은 동시에 공포스러운 냉전의 잔여물이다.

북핵, 군위안부 문제, 대북 정책, 한일 관계 이 모든 것은 별개의 사안이 아니다. 미일은 일본 중심의 동아시아 군사 · 경제적 질서를 재편하기 용이하도록 과거사와 전쟁 책임 문제를 비결정non-decision의 영역으로 이동시키고 한반도에도 이런 흐름에 친화적인 정부가 들어서길 바랄 것이다. 2017년 중의원에서 아베는 2020년 도쿄 올림픽을 '개헌' 시점으로 언급했다고 한다. 이미 90년대부터 조짐이 시작된 일본 개헌의 봉인이 풀리는 순간, 문제는 걷잡을 수 없는 방향으로 나아갈 것이다. 이미 일본 내 조선학교에 대한 지원이 중단되었고 이를 둘러싼 재판에서 국가

측이 승소했다. 이 밖에도 외국인에 대한 혐오 발언 등 종북과 친북이라는 적대성의 정치는 일국에 제한된 문제가 아닌, 미래 지향적이지 못한 개인 혹은 집단의 배제와 경계를 위한 초국적 담론으로 사용되고 있다는 점을 잊어서는 안 될 것이다.

### 냉전 반공주의와 분열된 시민 종교

87년 6월 항쟁이 30주년을 맞이하는 2017년, 80년대 내내 강력한 힘을 발휘하던 냉전 보수주의는 일종의 시민 종교로 제도화되어 사회적 분열을 강화시키고 있다. 87년 이후 민주화에도 불구하고 문민 대통령, 민주화 기념 등은 통합보다 분열의 상징으로 기능했다. 특히 노무현 정부 이래 각각의 시민 종교 진영은 서로 성스러운 상징과 역사에 대한 열광을 강화시키고 있다. 그 단적인 예가 친박, 친노 등의 집단일 것이다. 물론 냉전 반공주의가 주도하는 '절반의 시민 종교'이지만, 이들은 박근혜 정부의 국정농단과 탄핵의 절차적 정당성을 부정하고 이를 정치 보복이라고 비난하기에 이르렀다. 표면적으로 냉전 반공주의는 두 세력으로 분할되는 듯했지만, 대한민국을 살려야 한다는 명분 아래 새누리당에서 탈당했던 바른정당은 자유한국당으로 흡수된 것으로 추정된다. 설마 했지만 역시 당분간 한국에서 보수 진영이 이념과 정체성을 냉전 반공주의 밖으로 틀어서 존재하기는 어려울 것 같다.

가장 놀라웠던 일은 국정농단 사건 국정 조사 특별 위원회의 위원장과 위원들, 탄핵 소추 위원장이었던 이들이 박근혜의 억울함과 사면을 주장한 홍준표 후보를 "좌파 집권 저지"란 이름으로 지지한다는 현실이었다. 이들은 "보수가 반성하지 않는다", "다시 태어나야 한다", "대한민국을 민주주의의 적들로부터 지켜야 한다", "합리적 보수 탄생의 밀알" 등 수많은 어록을 남겼다. 이러한 이합집산은 이들에게 어떤 보수적인 콘텐츠조차 부재하다는 사실을 단적으로 보여줄 뿐이다. 대선 기간 중에도 흔히 볼 수 있었던 기치인 강성 노조 힐난, 좌파와 주적 축출, 동성애와 에이즈 타파, 존경하는 박정희를 프로파간다로 삼은 '진짜' 보수인 냉전 반공주의 경계로부터 이들이 구조적으로 종속되었음을 알 수 있었다.

이들이 2016년 가을과 겨울 청문회 등에서 보인 말과 행동은 대중에게 강하게 각인되었다. 따라서 이들의 정치 철학 부재와 자신의 정치적 수사를 뒤집어서라도 국회의원 자리를 지키고자 했던 난해한 욕망은 오랫동안 회자될 것이다. 또한 그 이후로도 '역시 냉전 반공주의자들—언론은 이들을 보수라 부른다—은 개혁될 수 없는 냉전 반공주의자들'이란 치욕적인 낙인이 찍히게 될 가능성이 높다.

20여 년 전, 박사 과정 시절 "한국의 보수주의"라는 강의를 들으며 리처드 버크 등을 읽었다. 프랑스혁명 이후 유토피아주의 거부, 지배-피지배를 기준으로 한 사회 구분 거부, 사유재산의 신성성, 인간 이성의 합리성에 대한 불신 등이 기억난다. 하지만 무엇보다 이들이 불신했던 것은 '대중' 이었다.

촛불로 확산된 '아래로부터의 대중의 힘' 을 만든 탄핵 국면의 한 축이 이렇게 귀결되는 것을 보고 있노라면, '결국 이것이 사라지지 않은 냉전의 현실적 힘인가' 하는 자괴감에 빠지곤 한다. 촛불이라는 거대한 힘조차 보수 정치 세력 내 작은 변화도 이끌어내지 못했다는, 정치 사회의 뿌리 깊은 냉전 반공주의적 관성을 확인하게 되어 착잡하다.

## 87년 6월과 역사적 상상력

87년 6월 항쟁도 2017년으로 30주년을 맞았다. 이제는 87년에 형성된 민주주의-독재 대립 구도의 초점이 바뀌어야 한다는 인식이 각인되기를 바란다. 민주 대 독재라는 대립 구도가 지닌 한계가 명확하기 때문이다. 87년 6월에 대한 서로 다른 이야기들은 우리에게 87년 6월이라는 역사가 단일한 것도 고정된 것도 아니라는 사실을 알려준다. 또한 '두 개의 시민' 으로 상징되는 87년 6월 내부의 균열은 과연 당시에 사회 운동이 넘지 못한 지점이 무엇이며, 민주주의와 독재, 전민 항쟁이라는 말의 반복이

결코 지금의 문제를 해결해주지 못한다는 사실을 보여준다. 그 사례 가운데 하나가 '분열된 시민 종교'일 것이다. 우리가 역사적 상상력에 기대어 역사에 관한 이야기를 재구성하는 것은 고정된 역사를 좀 더 풍부하게 만들기 위해서다. 앞으로도 87년 6월은 끊임없이 반복되고 변주되어 이야기될 것이다. 역사적 상상력을 통한 87년 6월 이해는 그 속에서 배제되거나 누락되어 소거된 기억과 이야기들을 불러내는 작업이다. 그것은 어쩌면 잊혀간 역사의 흔적들을 향한 진혼굿이 아닐까?

# 글을 맺으며—
# 역사, 상상력 그리고 실험적 글쓰기

'이야기체 글쓰기'는 어린 시절부터 품어온 오래된 꿈이다. 소설가가 되려면 역사를 알아야 한다는 막연한 생각에서 사학과를 선택한 대학 시절, 역사책들 구석구석을 빼곡하게 채운 온갖 인용 문헌과 출처를 보면서 가끔씩 숨이 턱턱 막히곤 했다. 또 사건과 사건, 거대한 변화를 원인과 결과로 분석하는 글쓰기 역시 갑갑하긴 마찬가지였다. 하지만 나도 그런 훈련을 받으며 연구자로 자라왔다. 그런 와중에도 나는 '역사 서술을 통해 인간의 내면이나 심리를 드러낼 수는 없을까?', '문학과 같은 상상력을 통해 역사를 서술할 수 있는 방법은 없을까?' 고민해왔다.

그리고 그 고민의 연장선에서 역사적 사건을 기록한 문서 속에 존재하는 인물이 어린 시절부터 자신의 세계를 만들어가는 모습을, 또 사랑, 분노, 번뇌 같은 내면의 풍경을 역사 서술에 담을 수 있는 그릇을 모색해왔다. 그 와중에 내가 발견한 출구가 바로 이야기와 서사 그리고 역사적 실마리 사이를 이어주는 상상력이다. 비록 문자화되지 않았지만 특정 인물이나 사건을 둘러싼 정황과 분위기 등은 동일 사건에 대한 다른 이해, 인물의 선택을 둘러싼 내면적 갈등을 잡아낼 수 있는 실마리가 되고, 그로부터 역사가의 상상력은 시작된다.

이 책은 실험적 글쓰기를 이야기해온 나에게 하나의 '실험'이다. 저마다 다른 경험과 삶의 결을 가진 가상의 인물들을 통해 87년 6월에 대해 쓴다는 것 자체가 위험스럽게 보이기도 했지만, 지금 시도하지 않으면 영영 기회가 오지 않을 것 같아서, 아직 턱없이 부족하지만 용기를 내 원고를 채워나갔다. 아직은 본격적인 이야기체 역사 서술에는 미치지 못하고 실수투성이지만, 이제 시작이라는 생각으로 나의 언어로 풀어낸 역사 서술을 위해 한 발자국 더 나아갈 작정이다.

보잘것없는 글을 위해 여러 사람에게 도움을 받았다. 이 책의 5장은 본래 "87년 민주화 과정에서 시민 주체의 재구성"이라는 제목으로 《문화사회》 제3호(2009년)에 기고한 글을 수정한 것이다. 원고를 사용할 수 있게 허락해준 문화사회연구소에 감사드린다. 또 거칠고 울퉁불퉁한 원고를 다듬어준 책세상에도 고맙다는 말을 전하고 싶다. 최근 2년 동안 나는 개인적으로 많은 어려움을 겪었다. 지치고 힘들 때마다 옆에서 나를 다잡아준 아내 은정에게 다음에는 더 재미있는 책을 선물할 것을 약속한다.

끝으로 얼마 전 유명을 달리하신 오장미경 선생님 영전에 이

책을 드리고자 한다. 사실 나는 선생을 잘 알지 못 한다. 몇 번의 만남과 글, 그리고 내 책《여공 1970, 그녀들의 반역사》에 써주신 추천사를 통해 인연을 맺은 것이 다이다.

"……이 책은 연구서이지만 여공의 인생과 삶을 저자 자신의 독창적인 시각과 사고를 통해 열어 보이고 있다. 산업화 시기인 60~70년대 여공들의 투쟁과 인생, 생활세계에 대한 그의 안내를 따라가다 보면, 당시 여공들의 생각과 삶뿐만 아니라, 약삭빠르지 않고 뚝심 있게 자기대로의 삶을 살아가고자 하는 저자의 모습을 발견할 수 있다. 모두가 가는 잘 닦인 길이 아니라 아무도 가지 않아 먼지가 수북이 쌓인 길을 저자 자기만의 독특한 방식으로 열어가는 그런 모습을……. 이 책에서 독자는 또한 소박하게 인생을 살고자 하는 저자를 대하게 되지만, 실제로는 그 누구보다도 자신감과 열정을 가득 안고 사는 패기만만한 저자를 만나게 된다. 세상을 돌아가지 않고 진실되게 정면 승부하려는 용기와 진정성, 설사 미숙하고 시행착오를 경험하기도 하지만, 그런 미숙함과 실수조차 창조와 창작의 밑거름으로 삼고자 하는 저자의 젊은 패기를 흠뻑 느끼게 될 것이다……."

과분한 상찬의 글을 받고 '이것이 내 모습이라기보다 이렇게 살아달라는 부탁'으로 받아들였다. 과연 내가 선생님의 이야기처럼 세상에 맞서 정면으로 승부하려는 진정성을 지니고 있는지는 자신이 없지만, 늘 선생님의 추천사를 가슴에 새길 것이다. 선생님께서 부디 고통 없는 세상에 계시기를 마음속 깊이 기원한다.

# Vita Activa

'비타 악티바'는 '실천하는 삶'이라는 뜻의 라틴어입니다. 사회의 역사와 조응해온 개념의 역사를 살펴봄으로써 우리의 주체적인 삶과 실천의 방향을 모색하고자 합니다.

비타 악티바 13

## 87년 6월 항쟁

**펴낸날** 초판 1쇄 2009년 8월 15일
개정1판 1쇄 2017년 10월 30일

**지은이** 김원
**펴낸이** 김현태
**펴낸곳** 책세상

**주소** 서울시 마포구 잔다리로 62-1, 3층(04031)
**전화** 02-704-1251(영업부) 02-3273-1333(편집부)
**팩스** 02-719-1258
**이메일** bkworld11@gmail.com
**홈페이지** chaeksesang.com
**등록** 1975. 5. 21 제1-517호

**ISBN** 978-89-7013-728-5 04300
978-89-7013-700-1 (세트)



* 이 도서의 국립중앙도서관 출판시도서목록(CIP)은 서지정보유통지원시스템 홈페이지(http://seoji.nl.go.kr)와 국가자료공동목록시스템(http://www.nl.go.kr/kolisnet)에서 이용하실 수 있습니다. (CIP제어번호: CIP2017025260)